共度老挝泼水节

老挝东萨宏水电站开关站

老挝南俄5水电站发电厂房

老挝南欧江六级水电站——库区

老挝南欧江七级水电站

南欧江七级水电站爱心支教及捐献活动合影留念

ບໍລິຈາກນ້ຳໃຈວັນທີ 8 ເດືອນ 3, ເພື່ອເສີມຂະຫຍາຍມິດຕະພາບຈີນ-ລາວ
中国电建
POWERCHINA
三八联谊献爱心 中老友谊传真情

三八联谊活动合影留念

中老铁路

老挝南欧江六级水电站

老挝东萨宏水电站

"一带一路"合规经营
系列丛书

工程建设企业境外合规经营指南

老挝

中国施工企业管理协会
中国水电建设集团十五工程局有限公司
编著

中国市场出版社
China Market Press
·北京·

图书在版编目（CIP）数据

工程建设企业境外合规经营指南. 老挝 / 中国施工企业管理协会，中国水电建设集团十五工程局有限公司编著. —北京：中国市场出版社有限公司，2023.8

（"一带一路"合规经营系列丛书）

ISBN 978 - 7 - 5092 - 2404 - 5

Ⅰ. ①工… Ⅱ. ①中… ②中… Ⅲ. ①建筑企业-对外投资-工业企业管理-中国-指南 Ⅳ. ①F426. 9-62

中国国家版本馆 CIP 数据核字（2023）第 057932 号

工程建设企业境外合规经营指南：老挝

GONGCHENG JIANSHE QIYE JINGWAI HEGUI JINGYING ZHINAN：LAOWO

编　　著： 中国施工企业管理协会 中国水电建设集团十五工程局有限公司
责任编辑： 王雪飞

出版发行： 中国市场出版社
社　　址： 北京市西城区月坛北小街 2 号院 3 号楼（100837）
电　　话：（010）68034118/68021338
网　　址： http：//www. scpress. cn

印　　刷： 河北鑫兆源印刷有限公司
规　　格： 145mm×210mm　32 开本
印　　张： 9. 375　**字　　数：** 241 千字
版　　次： 2023 年 8 月第 1 版　**印　　次：** 2023 年 8 月第 1 次印刷
书　　号： ISBN 978 - 7 - 5092 - 2404 - 5
定　　价： 68. 00 元

《工程建设企业境外合规经营指南：老挝》

编 委 会

专家审核组成员：

马燕冰　中国现代国际关系研究院研究员

何　胜　对外经贸大学教授

章旭彦　中国施工企业管理协会合规顾问

彭世红　中建国际建设有限公司副总经理

岐温华　中国电建集团海外投资有限公司总法律顾问兼首席合规官

张　磊　中国土木工程集团有限公司中土研究院副院长

宋玉祥　上海市建纬（北京）律师事务所高级合伙人

张明明　中国石油天然气第一建设有限公司企管法规部经理

张玉金　江西中煤建设集团有限公司企业管理部部长、合规办公室主任

PREFACE
序言

“一带一路”倡议是顺应全球治理体系变革，彰显同舟共济、命运与共意识的国际公共产品。作为完善全球治理体系、推动构建人类命运共同体的中国方案，共建“一带一路”已经成为171个国家和国际组织开展国际合作的新模式，正在向高质量共建的阶段迈进。

共建“一带一路”在完成总体布局的基础上，聚焦重点、深耕细作，扎实推进项目实施，累计开展了3000多个项目，可圈可点的成果、实实在在的好处，让“一带一路”朋友圈不断扩大。中国企业参与“一带一路”建设的程度也越来越深入，面临的市场环境越来越复杂，合规经营在企业可持续发展中也显得越来越重要。

为更好地帮助企业提高合规经营管理水平，有效防范及化解经营风险，早在2017年5月，习近平总书记就中国企业合规经营问题，在中央全面深化改革领导小组会议上，明确指出加强企业海外经营行为合规制度建设的必要性。2018年7月1日，国家标准《合规管理体系指南》(GB/T 35770—2017)正式实施；2018年11月2日，国务院国资委《中央企业合规管理指引（试行）》发布实施；2018年12月26日，国家发展改革委正式发布《企业境外经营合规管理指引》，为中国企业更好地开展境外经营业务、建立合规管理体系和制度，提供了官方的指导意见。

中国施工企业管理协会基于工程建设行业的实践经验和研究成果，联合12家会员单位，在国家发展改革委区域开放司的指导下，出版《工程建设企业境外合规经营指南》（以下简称《指南》），结合企业自身情况，以丰富翔实的案例，系统地从市场环境、通用规则、国别规则以及示范项目等角度展示了中国企业在境外稳扎稳打、开拓进取的合规发展历程，具有针对性、实务性和系统性的特点，是一套指导性非常强的工具书。

《指南》的出版有利于帮助广大施工企业适应国际工程承包自由化、便利化的市场环境，引导企业以实现行业高质量发展为目标，期望通过树立境外合规经营优秀典型，分享境外合规运营经验，帮助企业完善合规运营体系，形成合规文化，提升企业在国际市场中的竞争力。同时，在更广泛的范围倡议共建“一带一路”的企业，增强机遇意识和风险意识，夯实基础，固牢底线，趋利避害，在发展中不断前进，在合作中茁壮成长。

曹玉書

2021年12月

PREFACE
前言

“一带一路”倡议作为区域合作发展的重要机制，是国家对外开放新格局的重要战略安排。“一带一路”是促进沿线国家共同发展、实现共同繁荣的合作共赢之路，是增进理解信任、加强全方位交流的和平友谊之路。老挝作为“中南半岛的屋脊”，是中国的重要邻国，也是较早加入“一带一路”倡议并积极推动的国家之一。近年来，随着中老两国各领域经济贸易合作的不断加深与标志性项目的逐步落实，老挝作为我国“一带一路”倡议的积极推动者，其国家发展也迎来了重要机遇，中老命运共同体建设驶入了快车道。与此同时，中资企业在老挝开展投资建设的合法合规性管理工作也提上了重要的议事日程。

纵观国际市场，中资企业在国际开展各项工程投资建设，不可避免地会受到国际政治经济格局变化的影响，同时多边金融机构、项目所在国家的合规要求也在持续不断地变化并趋于严格。整体上而言，中资企业在国际开展工程投资建设正面临着一种“乱花渐欲迷人眼”的复杂合规现状与发展态势。一方面，对于老挝而言，随着对外开放力度加大，其国内合规要求也在不断加强，各种法律都在修改完善之中，因此，中资企业进入老挝市场需不断关注最新法律、法规、政策的出台和修订。同时，老挝政府公布的外商投资优惠政策在不同行业、不同地区、不同贡献的企业中有不同的标准，中资企业作为投资者，要想尽可能多地享受优惠政策，就必须全面、客观地了解优惠政策申报条件、时限等关键事项，做好各项调查，规避政策风险。另一方面，国务院国资委在2022年将中央企业合规管理工作再次明确为重点工作之一，专项开展了“严肃财经纪律、依法合规经营”综合治理行动等一系列工作，力求持续加快推进中资企业成为世界一流企业。期间专门印发了《中央企业合规管理办法》，明确了中央企业合规管理工作中应当遵循的四项原则及有关工作要求。因此，从内外部形势来看，当前中央企业加快合规管理体系建设，提高对目标国别合规风险的识别能力，既是内部发展需要，也是妥善应对外部复杂形势的破敌之道。

中国水电建设集团十五工程局有限公司（简称中国水电十五局）作为较早进入老挝市场的中资中央企业之一，始终积极响应国家“一带一路”倡议，自1997年至今已在老挝市场耕耘20余年，先后承建和参建了老挝东萨宏水电站、南俄5水电站、南欧江六级水电站、南欧江七级水电站、南衫3B水电站工程、南塔河水电站、南康3水电站、中老铁路等30余项重点项目，施工领域更是广泛涉及水利水电、公路、铁路、桥梁、市政等。凭借雄厚的施工技术优势和履约能力，中国水电十五局建成了世界最高的软基岩复合土工膜面板堆石坝——老挝南欧江六级水电站，并且其所承建的老挝南俄5水电站、南欧江六级水电站均荣获了“中国建筑工程鲁班奖（境外工程）”，东萨宏水利水电枢纽工程获得“国家优质工程奖”。南欧江梯级水电项目是中国水电十五局深度融入“一带一路”建设，坚持共商、共建、共享，促进中老电力能源产业合作的典型项目。中国水电十五局参建的中老铁路是中国和老挝两国最高领导人亲自关注和推动的交通基础设施互联互通项目，承载着老挝从内陆“陆锁国”到“陆联国”的转变之梦，是东盟国家第一条电气化国际标准轨铁路，极大改善了老挝的交通基础设施条件，对老挝的国民经济发展起到了巨大的促进作用。

本书为中国水电十五局在老挝深耕多年取得的成果及积累的经验，对老挝的基本国情、法律、政策、人文环境，特别是工程投融资、建设、运营的合法合规性要求，以及中国企业在老挝寻求帮助的途径等内容进行了较为详细的介绍，对可能引起的法律风险进行了分析，并提出了防范建议。希望本书的出版能够对中资企业开拓老挝市场有所帮助，成为企业合规管理工作者学习对接的桥梁，为企业管理者充分认识项目投资经营与合规管理之间相互配合、相互促进的关系提供参考，助力推动国内外合规建设工作，为中央企业合规建设行稳致远保驾护航、贡献绵薄之力。

CONTENTS
目录

Chapter 1

第一章

境外工程建设合规管理的重要性

“合规”一词源自英文 compliance，是指企业行为符合法律法规及其内部规章制度和商业道德的要求。企业合规管理本质上是对企业内部的自我管理提出了要求，不仅要求其合法合规，还要求其遵守企业自己制定的规章和社会承认的商业道德。近年来，随着中国“走出去”战略、“一带一路”倡议的推动，越来越多的企业走出国门，开始广泛参与跨国经营，而与此同时，越来越多的中国企业遭受海外合规处罚，引发了国内企业对于合规问题的关注和思考。

一、合规的起源

（一）企业合规思想的起源

合规思想最早可追溯到成立于1906年的美国食品和药物管理局（FDA）当时对食品和药物安全的监管，这促使部分企业开始将合规视为企业运营的一部分。20世纪50年代，英国为发展外向型经济，向外扩张本土企业。尽管当时的英国法律以及各个行业的规章制度相对比较完善，但对外投资要做到“入乡随俗”，英国本土的法规、企业规章和文化理念等已不适应投资所在国。在此背景之下，从国家、行业和人员三个层面考虑，英国率先推出合规。

（二）企业合规体系的诞生

20世纪60年代，因电气设备行业龙头企业的垄断行为，美国开始反垄断大潮，政府在该领域重拳出击，合规管理随着美国防止违反《反托拉斯法》（反垄断法）的政策实施进程而得到了普及，在当时促使很多企业开始建立反垄断合规体系。

（三）企业专项合规体系的建设

20世纪70年代，为应对这时期出现的系列财务丑闻，美国证券交易委员会在1977年颁布了《反海外腐败法》，要求上市公司在贿赂、回扣、记账和其他方面执行合规政策。《反海外腐败法》在合规的世界发展史上具有标志性意义，一方面是因为该法在反腐败领域具有广泛的域外管辖效力，至今仍然是悬在各跨国企业头上的“达摩克利斯之剑”；另一方面是因为该法要求企业对资金往来进行准确的会计记录，从而直接介入了企业财务内控体系的建设。

1986年，美国发布了《环境审计政策声明》，将企业环保作为合规工作要点，鼓励公司对设备使用是否符合环保要求进行系统、定期和客观的检查，以确保公司合规体系的有效性，发现潜在的环保违规问题。同一年，美国军火企业联合起草了《国防工业的商业伦理与企业活动精神》，将自觉履行合规管理制度作为企业自律的要求。1988年，美国又通过了《内幕交易与证券欺诈取缔法》，进一步防止证券内幕交易。这一系列专项法案的制定推动了企业在问题领域专项合规体系的建设。

二、合规体系的成形与完善

（一）企业合规体系的成形

20世纪90年代以前的合规多集中在某些具体领域，从20世纪90年代开始，企业全面合规体系建设逐渐成形。标志性的事件是1991年美国量刑委员会发布《针对机构实体联邦量刑指南》（以下简称《量刑指南》）。

《量刑指南》主张将机构实体是否具备完善的合规体系作为减轻刑事责任的重要考量。该指南的出台标志着现代合规理念与合规标准的成形。企业按照《量刑指南》的合规标准审查现有合规体系或建立新合规体系。

1992年，关于通过控制危险废物跨越国境的转移和处置来防止危险废物对环境和人体健康造成危害的全球性国际公约《巴塞尔公约》开始生效，目前已经有187个国家签署。

1995年，联合国首次提出“全球契约”的构想，号召企业以承诺遵守国际行为准则的方式，使经济活动兼顾社会公益，承担相关社会责任。2004 年，“全球契约”扩充形成人权、劳工标准、环境、反贪污四个方面的十项基本原则。

1997 年，经济合作与发展组织（OECD，简称经合组织）成员国达成《反对国际商业活动中向海外政府官员行贿行为公约》。

（二）企业合规体系的规范

2001—2002 年，安然有限公司和世界通信公司等企业发生财务造假丑闻，暴露出美国上市公司治理和财务审计方面存在的严重问题。为加强公司监管、重振投资者信心，美国国会于 2002 年通过《萨班斯-奥克斯利法案》（简称《萨班斯法案》），对美国上市公司财务监管中存在的问题做出了针对性规定。

《萨班斯法案》适用于所有在美国上市和准备赴美上市的公司，包括外国公司，如中国的阿里巴巴、网易等，因而对世界范围内的企业经营和合规管理产生了深远影响。

2004 年，巴塞尔银行监管委员会颁布《巴塞尔协议》，鼓励银行不仅要识别当前的风险，而且要识别将来的风险，并且改进现有的风险管理体系来管理这些风险。2005 年，巴塞尔银行监管委员会又发布了《合规与银行内部合规部门》高级文件。

这一时期对合规发展产生重要影响的，还包括 2004 年修订过后的《针对机构实体联邦量刑指南》。修订后的《量刑指南》为评估合规体系的有效性规定了更为细致和严格的要求，包括但不限于：培养诚信合规的组织文化，强调管理层对合规体系的监督，加强员工合规培训和宣介，建立内外部风险评估机制等内容。

（三）企业合规体系的发展和完善

肇端于 2007 年的次贷危机席卷全美。为遏制金融违规、挽回公众信任，美国国会于 2010 年通过了《多德–弗兰克华尔街改革和消费者保护法案》。该法案的规则覆盖了几乎整个金融业和国民经济，旨在改善金融业责任制和透明度，避免再次发生经济危机，是美国金融业自大萧条以来最为深远的一次改革。

反腐败合规在这一阶段再次成为热点。以美国对德国西门子公司的反腐败执法案为代表，美国司法部和证券交易委员会在这一时期对大量跨国公司进行了反腐败调查和执法。受《反海外腐败法》巨额罚款的警示（西门子被罚约 16 亿美元）和会计条款的要求，众多企业开始不断加强自身的反腐败合规体系建设。

2010 年，《量刑指南》再次修订，此次修订强调了合规官的独立性，对企业合规体系建设产生了不小的影响。

2010 年，经合组织 OECD 颁布《内控、道德与合规最佳行为指南》，要求企业制定明确的政策来禁止海外贿赂，制定针对所有员工的合规执行体系、相关交流和培训机制、完善的举报制度等。

2014 年，国际标准化组织 ISO 发布实施了 ISO 19600《合规管理体系指南》，将合规管理分为建立和改进两部分，包括确定合规范围、建立合规方针、评估合规风险、制定应对计划、实施和控制、评估和报告、持续改进等阶段，为所有规模和类型的企业建立有效的合规管理体系提出了指导性建议。

2014 年，亚太经合组织 APEC 通过了《北京反腐败宣言》《亚太经合组织预防贿赂和反贿赂法律执行准则》《亚太经合组织有效和自愿的公司合规项目基本要素》。

2016 年，国际标准化组织 ISO 颁布了《ISO 37001：2016 反贿赂管理体系——要求和使用指南》，对于企业运营当中可能存在的不正当的利益往来行为，阐述了预防、发现和应对措施。

2017 年，美国司法部发布的《合规管理体系评估》罗列了问题样本清单，企业可以对照这份清单，对自身的合规管理体系的充分性和效能进行评估。

2019 年，《量刑指南》更新版明确提出了 12 项评估合规体系有效性的指标，并在《商业组织联邦起诉原则》中明确提出了 3 个评价标准：合规体系是否设计良好？是否有效实施？是否实际发挥作用？

2021 年，国际标准化组织 ISO 的《ISO 37301：2021 合规管理体系要求及使用指南》正式发布实施。ISO 37301 规定了组织建立、运行、维护和改进合规管理体系的要求，并提供了使用指南，适用于全球任何类型、规模、性质和行业的组织。

到目前为止，经营合规的概念已经深入到商业领域的各个方面，各个国际组织都为构建全世界范围内公平、公正的合法合规经营环境不断努力着。而反过来对企业而言，经营风险不可能完全杜绝，但却可以利用已尽合规义务的规则来保护自身，并且利用合规管理规则来加强企业建设。可以说，合规潮流不可逆，主动拥抱使用才是正确的做法。

点评：

从合规的起源到完善成形这近一个世纪以来的发展历程之中，我们可以看到企业的合规从最初经济法的各领域，如反垄断法、证券和金融监管以及跨国商业行为，到现在已经扩展到经济和社会规制的各个领域。它从不同的企业和部门兴起，从最开始的分流和不同目标，到 20 世纪 90 年代，最终汇总成干流，初步形成相对完整的体系，而目前已经成为各国家、地区乃至全球商业组织和法律部门的共享制度。每一次合规的演变都是各个历史大事件的迭代结果，各个国家和组织都努力地从失败事件中总结经验，逐步完善并形成达成共识的合规规范。

站在企业的立场上，合规更多和“风险管理”“内控体系”联系在一起（后文将阐述这三者的关系）。对于风险事件而言，每一个风险事件有危又有机，危与机是共存的孪生兄弟。每一次的事件，不只是事故，同时也是改进的契机，是推动前进的最深刻动力。因此，每个企业经营者都应充分意识到以下几点：

1. 合规要求不是对企业的约束，它最终的目标是引导全球商业环境朝健康有序、公平公正的方向发展。

2. 只有融入全球商业规则中，成为其中合格的一分子，才能接入全球的供应链环境，获取更多的业务机会，同时也能规避更多的风险。可以说，企业成为“合规组织”是参与全球竞争的最基本条件。

3. 注重企业发展过程中或者同行业中的每一次大事件，这是完善企业运行机制，规避运营风险的最好时机。

“走出去”与“全球性协作”是不可逆转的趋势，因时势而勃发的中国合规管理成为我国各个企业在国际化进程中的实践热点。但是源于美国并扩展到世界范围内的这一制度，在国内推行的时候的确有许多值得检讨的地方。中国式的公司治理、法治水平和大陆法系的制度局限性，限制了合规作用的发挥。然而，相对于开拓者，我们是幸运的，是站在前人的肩膀上去处理合规问题。我们还需要不断地完善合规管理和制度，这正是我们向前迈进最正确的方向。

三、合规管理的基本概念

合规是指企业及其员工的经营管理行为符合有关法律法规、国际条约、监管规定、行业准则、商业惯例、道德规范和企业依法制定的章程及规章制度等要求，是企业通过制定合规政策，按照内部规范的要求统一制定并持续修改合规规范，监督内部规范的执行，以增强内部合规控制；对违规行为进行持续识别、监测、预警，防范、控制、化解合规风险的一整套管理活动和机制。

合规管理包括组织内部的自我审查和来自外部组织的监管，其主要内容包括（但不限于）：合规管理制度建设、合规文化建设、合规信息系统建设、合规咨询、合规培训、合规审核、合规审计、合规检查、合规考核、合规评价、合规报告、法律法规追踪、投诉举报处理、监管配合和合规问责等。

四、合规管理的意义

（一）中国当前合规管理的现状

合规管理理念和实践于 20 世纪 70 年代末由三资企业引入中国。就合规监管而言，我国也经历了由金融机构逐步向其他行业扩散的过程，目前我国政府对于企业合规管理体系的建设十分重视，要求各行业都应加强企业合规管理，完善企业合规建设。如：

2006 年 10 月，中国银监会颁布了《商业银行合规风险管理指引》，为商业银行合规风险的管理提出了指引。

2016 年 4 月，国务院国有资产监督管理委员会印发了《关于在部分中央企业开展合规管理体系建设试点工作的通知》，指出企业合规管理在中国移动、中国石油、东方电气集团、招商局集团、中国中铁等 5 家中央企业开始试点。

然而，和跨国企业相比，中国企业在合规问题的处理上相对落后，很多中小企业乃至部分大企业甚至都不知道合规管理的概念，而相对重视合规管理的企业，如华为、中兴和中国铁建等，其合规管理体系的构建也还处于起步阶段。我国对企业经营合规方面的相关法律法规也正在逐步完善过程中。

2008年以来，中国企业大规模“走出去”，更是大量出现对国际上通行规则与非通行规则的认识不足或者理解不到位而不合规的商业行为，导致企业受到经营所在地政府或者国际组织的制裁，这不仅给企业造成经济与声誉损失，还给中国企业国际形象带来负面影响。

在2018年，中兴通讯被美国政府处罚14.9亿美元的同时，被列入美国禁售制裁名单，几乎濒临倒闭。同样是中国通信行业领头羊的华为也一直受到美国相关监管机构的调查。

近年来，随着中国企业国际化程度逐步加深，我国“一带一路”倡议持续推进，更多的中国企业，尤其是工程建设、工程服务类企业，参与到世界银行以及其他国际多边开发机构贷款项目的投标、建设及服务中。然而，自2019年新冠疫情暴发以来，贸易保护主义日渐盛行、民粹主义不断抬头，部分地区地缘政治紧张局势难见缓解，大国政治博弈进一步加剧。受台海问题、新疆问题、印巴问题、南海问题以及2022年愈演愈烈的俄乌局势影响，欧美部分国家或组织为打击我国经济社会的发展，对我国在海外上市、经营的企业或项目开展过度的审核与监管，这使中国企业面临的境外经营合规风险越来越大。

截至2022年3月11日世界银行官网公布数据，尚在制裁名单上的中国企业和个人共计196个（不含港澳台），中国是受世界银行制裁企业数量最多的国家。这为“走出去”的中国企业在合规管理方面敲响了警钟。

（二）国家对企业境外经营合规管理的重视

国家对企业境外经营合规管理越来越重视。近年来陆续出台了规范企业境外经营行为，提升企业合规管理水平的方针政策，见表1-1。

表1-1　中国政府近年来发布的合规要求

时间	机　构	事　　项
2010年8月	商务部、外交部、国家发展改革委、公安部、国务院国资委、安全监管总局、全国工商联	·印发《境外中资企业机构和人员安全管理规定》 进一步加强新形势下境外中资企业机构和人员安全保护工作，保障“走出去”战略的顺利实施。
2011年7月	国务院国资委	·发布《中央企业境外国有资产监督管理暂行办法》 目的是规范境外企业经营行为，维护境外国有资产权益，防止国有资产流失。
2013年2月	商务部、环境保护部	·印发《对外投资合作环境保护指南》 引导企业积极履行环境保护社会责任，推动对外投资合作可持续发展。
2013年3月	商务部	·印发《规范对外投资合作领域竞争行为的规定》 促进对外投资合作业务健康和可持续发展，规范企业海外经营行为，鼓励和保护公平竞争，杜绝不正当竞争行为，提升对外投资合作企业管理水平和竞争能力。

续 表

时间	机 构	事 项
2014 年 1 月	商务部、财政部	·审议通过《对外劳务合作风险处置备用金管理办法（试行）》 目的是规范对外劳务合作企业的经营行为，保障外派劳务人员合法权益。
2014 年 8 月	商务部	·审议通过《境外投资管理办法》 促进和规范境外投资，提高境外投资便利化水平。
2017 年 5 月	中央全面深化改革领导小组	·审议通过《关于规范企业海外经营行为的若干意见》 提出要“加强企业海外经营行为合规制度建设”。
2017 年 12 月	国家发展改革委、商务部、人民银行、外交部、全国工商联	·发布《民营企业境外投资经营行为规范》 从完善经营管理体系、依法合规诚信经营、切实履行社会责任、注重资源环境保护和加强境外风险防控等五方面对民营企业境外投资经营活动进行引导和规范。
2017 年 12 月	国家发展改革委	·审议通过《企业境外投资管理办法》 加强境外投资宏观指导，优化境外投资综合服务，完善境外投资全程监管，促进境外投资持续健康发展。
2017 年 12 月	国家质量监督检验检疫总局和国家标准化管理委员会	·发布 ISO 19600《合规管理体系 指南》（GB/T 35770—2017/ISO 19600：2014） 为企业全面系统地建设合规管理体系提供了具体的指南。

续 表

时间	机 构	事 项
2018 年 8 月	习近平总书记，推进“一带一路”建设工作 5 周年座谈会	强调企业应规范投资经营行为，合法合规经营，注意保护环境，履行社会责任，成为共建“一带一路”的形象大使。
2018 年 11 月	国务院国资委	·印发《中央企业合规管理指引（试行）》 对中央企业的合规管理体系建设提出了要求和建议。
2018 年 12 月	国家发展改革委等七部委	·发布《企业境外经营管理指引》 对于推动企业持续提升合规管理水平提供了更加具体的行动指引。
2021 年 8 月	国家市场监督管理总局和国家标准化管理委员会	·发布《合规管理体系 要求及使用指南》征求意见稿 该稿基于 ISO 37301：2021 进行修订并代替 GB/T 35770—2017。

在 2018 年 11 月举行的民营企业座谈会上，习近平总书记指出，要在合法合规中提高企业竞争能力，形成更多具有全球竞争力的世界一流企业。在第二届“一带一路”国际合作高峰论坛上，习近平主席进一步明确，共建“一带一路”要引入各方普遍支持的规则标准，推动企业在项目建设、运营、采购、招投标等环节按照普遍接受的国际规则标准进行，同时要尊重各国法律法规。李克强总理也曾在批示中强调，强化合规经营意识是企业“走出去”的前提。他还要求国家发展改革委、商务部、国务院国资委、外交部四部委调查中国企业“走出去”遇到的问题，指导企业特别是国有大中型企业在经营中遵规守

法，切实防范风险。

2021 年 12 月，国务院国资委发布《关于进一步深化法治央企建设的意见》，提出认真落实全面依法治国战略部署，持续深化法治央企建设，着力构建世界一流企业的合规制度体系，不断提升依法治企能力，助推企业高质量发展。2021 年 12 月 3 日，国务院国资委再次召开中央企业“合规管理强化年”工作部署会，强调中央企业必须把强化合规放到贯彻习近平法治思想的高度来认识，放到落实全面依法治国战略的全局来部署，放到保障企业高质量发展的层面来推动，力争通过一年时间推动企业合规管理工作，建立健全企业合规管理体系，真正发挥规范管理、防控风险、支撑保障的重要作用。

同时，中国政府也更加积极地参与全球反腐败与合规管理的国际合作。2014 年亚太经合组织（APEC）北京会议通过了《北京反腐败宣言》（以下简称《宣言》），中国是《宣言》的发起者和参与者。此外，中国还参与发起并通过了《亚太经合组织预防贿赂和反贿赂法律执行准则》《亚太经合组织高效率公司合规项目基本要素》等重要文件。同时，中国也积极加入各类世界级别的公约，如《联合国反腐败公约》《国际商务交易中打击勒索和贿赂行为准则》等。作为成员方中国的企业，必然要顺应全球合规治理加强的大趋势，履行公约所规定的义务，积极预防和应对商业贿赂，树立和维护国家形象。

（三）中国企业境外经营合规管理的重要意义

合规管理是企业稳健经营运行的内在要求，也是防范违规风险的基本前提，是每一个企业都必须重视且进行管理的一部分，也是保障自身利益的有力武器。

合规管理可以防止决策失误，领导者的权限较大，再小的决策错误都有可能引发公司的多米诺效应，合规化管理能够通过约束高层领导人员的相关行为，最大限度地减少因决策失误而带来的经营风险。

合规化管理是规范员工行为的有效手段，通过建构科学的企业合规文化以及合规体系，有利于让员工养成合规化的习惯，避免违规风险。同时在制度层面向广大员工普及合规管理的相关条例，有利于让员工自觉自律地避免违规化操作。

对于境外经营的中国企业来说，合规管理还有着更多更高层次的意义。

1. 树立和维护国家形象的需要

跨国企业虽然具有国际性，并且遵循基本的商业逻辑行事，但在以国家为主体的当代世界中，让人产生的第一印象还是其国家形象。如果中国企业在“走出去”的时候能够塑造一个遵规、亲和、友善、负责的中国形象，就会减少许多冲突和困境。因此，建立合规体系并使其有效运行，是使企业所有商业活动始终保持合法合规的基本保障，是中国企业在境外经营时，树立和维护国家整体形象，促进企业国际声誉的最基本条件。

2. 文化融入的需要

在国际市场上，我国企业在工程建设领域技术方面的差距并不大，但在管理和文化层面还有很大差距。因此，建设与国际经营接轨的先进企业文化，转变思想观念、改变思维方式，成为我们参与国际竞争的关键因素。

在合规经营、反对腐败成为主流价值观的大背景下，我们首先要创新的就是合规文化。要把文化理念转变为行为，需要通过建立系统的制度，将合规要求融入具体的工作流程及岗位中，持之以恒地严格执行。将表面的合规管理逐渐变成习惯，形成一种严谨的行为方式。通过合规制度的建立与执行，合规文化的培育，将管理文化由任意型、粗放型向信誉型、集约型转变。

中国文化比较强调变通、灵活，有时候这是优点，有时候就容易出问题。企业要想真正融入国际大家庭，实现做强做优，就必须对我们的行为方式和道德文化进行认真反思和总结，学会遵守国际游戏规则，才有可能自立于世界大企业之林。

3. 市场竞争的需要

随着中国企业的发展壮大，一部分中国企业已处于发展变革的重要阶段。在这个阶段中，一是面临更多、更复杂的合规风险。二是在合规要求更严格的环境下参与市场竞争是未来的发展趋势，这就决定我们只有走合规经营之路，才能防范合规风险，才能在世界范围内和发达国家跨国公司竞争。而合规经营又能反过来提升企业的信誉，从而增强国际竞争能力。通过行为的合规来进一步保障执行结果正确，这也是提升企业经营质量的必选之路。

4. 防范政治风险的需要

当前，世界正在经历大变局，人类社会进入大发展、大变革的新时代。世界多极化、经济全球化、社会信息化、文化多样化持续发展，全球治理体系和国际秩序变革持续推进，各国相互联系和依存大大加深，国际力量分布趋于重构，国际社会对于可持续发展的呼声更加强烈。与此同时，新冠疫情在世界范围内持续蔓延，国际及地区安全形势日趋复杂，全球性威胁挑战日益上升。国际上少数势力继续顽固奉行单边主义，诉诸强权政治，干涉他国内政，损害他国正当权益，制造矛盾、分歧和对抗，阻碍人类社会发展进步。

在这样恶劣的国际形势背景下，作为后起之秀的中国企业，在国际市场上的一举一动都备受关注，一旦出现失误就会被无限放大、抹黑。如何保持合规经营，不被某些国家用经济规则的借口制约发展，对于应对极高的地缘政治风险具有积极意义。

(四) 工程建设企业境外经营合规管理的重要性

自2013年我们提出共建“一带一路”倡议以来，引起越来越多国家热烈响应，共建“一带一路”正在成为我国参与全球开放合作、改善全球经济治理体系、促进全球共同发展繁荣、推动构建人类命运共同体的中国方案。而这其中，对外工程承包企业是共建“一带一路”的“前头兵”和“重点戏”，我们与“一带一路”沿线国家一起，以基础设施互联互通建设为起点和重点，共同建设了许多重大项目，对切实改善相关国家的基础设施状况发挥了重要作用。互联互通的基础设施发展目标更为对外工程承包业务注入了活力和动力。

随着共建“一带一路”向高质量发展方向不断推进，对外承包工程业务面临发展方式创新、合规合法经营等重大挑战。近年来，每年政府报告都指出了：高质量共建“一带一路”，坚持共商共建共享，其中特别强调要“遵循市场原则和国际通行规则”。这必然要求“走出去”的中国企业把境外合规经营放在首位，不搞内幕交易，不钻漏洞空子，树立起境外合规经营优秀典范的形象，让国际社会看到惠及世界人民的“一带一路”，是有规矩、守规矩的“一带一路”。同时，企业也能通过完善合规运营体系，形成合规文化，进一步提升在国际市场中的声誉和竞争力，朝着良性、健康的方向行稳致远。

五、合规管理与风险管理和企业内部控制的关系

（一）三者的含义

1. 合规管理

合规管理的定义如前文所述。

2. 内部控制

内部控制是指企业和各个组织在经济活动中建立的一种相互制约的业务组织形式和职责分工制度。是为了实现其经营目标，保障资产的安全、完整，保证会计信息资料的准确可靠，确保企业经营方针的贯彻执行，以及经营活动的经济性、效率性、效果性，而在企业内部采取的自我调整、约束、规划、评价和控制的一系列方法、程序与措施的总称。

1980 年后，美国 COSO 委员会（全美反舞弊性财务报告委员会发起组织）将“内部控制”定义为“一个组织设计并实施的程序，以便为达到该组织的经营目标提供合理保障”。

在 COSO 委员会制定的内部控制框架中，把内部控制活动分成五大组成部分，即：控制环境、风险评估、控制活动、信息与交流和监督评审。

2002 年，美国成立的上市公司会计监管委员会（PCAOB）明确采用了《COSO 内部控制整合框架》作为内控评价的标准体系。许多国家和地区的资本市场也采用了《COSO 内部控制整合框架》，有些国家和地区在参照该框架的基础上建立了自己的内控体系。

我国在 2005 年先后出台了《上交所上市公司内部控制指引》和

《深交所上市公司内部控制指引》两个文件。上述两个文件参照了美国《萨班斯法案》的要求，在理论体系上和《COSO 内部控制整合框架》一脉相承。

3. 风险管理

风险管理是指通过对风险的识别、评估，选择最有效的应对方式，在事前主动地、有目的地、有计划地处理风险，以最小成本争取获得最大安全保证的管理方法。

企业风险管理理论的发展大致分为三个阶段。

第一阶段：以“安全和保险”为特征的风险管理。100 多年前航运企业风险管理的主要措施就是通过保险把风险转移给保险公司。

第二阶段：以“内部控制和控制纯粹风险”为特征的风险管理。随着工业革命的发展，公司对业务管理和流程方面的内部控制提出了要求。美国 1977 年的《反海外腐败法》要求公司管理层加强内部会计控制，1992 年的《COSO 内部控制整合框架》提出以财务管理为主线的内部控制系统。

第三阶段：以“风险管理战略与企业总体发展战略紧密结合”为特征的全面风险管理。风险管理实践表明，仅靠内部控制难以实现企业的最终目标。为此，COSO 委员会于 2004 年 9 月出台了《COSO 企业风险管理整合框架》，提出了由三个维度构成的风险管理整合框架。

我国国务院国资委于 2006 年发布《中央企业全面风险管理指引》，标志着我国中央企业建立全面风险管理体系工作的启动。

（二）三者的侧重点

合规管理是内部控制的一个重要方面，也是风险管理的一个关键环节。内控制度的完善离不开合规化的管理及操作。

这三者各有侧重点，详见表1-2。

表1-2 合规管理、内部控制与风险管理的侧重点

合规管理	内部控制	风险管理
1. 反商业贿赂、反欺诈、反舞弊； 2. 反垄断、反不正当竞争、反洗钱； 3. 贸易管制、海关估值、转移定价； 4. 数据安全、信息保护、隐私保护； 5. 高管刑事责任； 6. 税务合规； 7. 安全健康环保； 8. 知识产权保护。	1. 组织架构的设计与运行； 2. 发展战略的制定与实施； 3. 人力资源的引进与开发、使用与退出； 4. 安全生产、产品质量、环境保护与资源节约、促进就业与员工权益保护； 5. 企业文化的建设与评估； 6. 资金活动：筹资、投资和资金营运； 7. 采购业务：购买、付款； 8. 资产管理：存货、固定资产、无形资产； 9. 销售业务：销售、收款； 10. 研究与开发：立项与研究、开发与保护； 11. 工程项目：立项、招标、造价、工程建设、工程验收； 12. 担保业务：调查评估与审批、执行与监控； 13. 业务外包：承包方选择、外包实施； 14. 财务报告：编制、对外提供、分析利用； 15. 全面预算：编制、执行、考核； 16. 合同管理：合同订立、履行； 17. 内部信息传递：内部报告的形成、内部报告的使用； 18. 信息系统：开发、运行与维护。	1. 战略风险 2. 财务风险 3. 市场风险 4. 运营风险 5. 法律风险 6. 环境风险 7. 政策风险 8. 技术风险

合规管理的核心，是“不合规，企业及相关利益主体将遭遇声誉损害、高额赔偿，乃至刑事处罚”。将企业和个人行为纳入合规管理体系中，保障主体不因不合规而遭受以上损失。这是合规管理的驱动力，也是合规管理的内在核心。至于合规可创造价值，完善的合规体系可成为减轻责任的抗辩理由，则是锦上添花的事。

内部控制的核心，是“通过内部控制五要素，对管理层及员工的行为进行约束，以尽可能实现企业的运营有效、报告可靠、合规这三大目标”。内部控制是帮助企业实现业绩和盈利目标，同时又保证企业出具的财务报告可靠和企业行为符合法律法规。

风险管理的核心，是“以可接受的成本保护和创造价值”。可接受的成本是指企业对风险的偏好程度，保护价值是指企业进行风险管理的基本目的，创造价值是指企业运用风险带来的机会，它是企业进行风险管理的高级目的。随着社会波动性、复杂性和模糊性日益增加，以及利益相关者的参与度越来越高，企业更加需要完善的风险管理机制来应对。将风险管理贯穿于整个企业会产生许多好处，包括增加新的机遇，识别和管理企业的风险，增加竞争优势，减少负面损失，降低绩效偏离度，改善资源部署，提升企业韧性等。近年来，基于风险导向的管理理念逐渐兴起，企业管理中常见的公司治理、企业文化、战略管理、绩效管理、危机管理等都可以用风险管理框架来更好地使之标准化、科学化。

（三）三者的关系

合规管理、内部控制、风险管理都是企业治理与管理必不可少的一部分。在经济与社会不确定性不断增加的情形下，以及处于政策作为经济与社会治理的重要手段不断加强的时代中，在历经一些惨痛教训之后，三者都越发显得重要。

与战略管理、营销管理、人力资源管理等职能与职责相比，合规管理、内部控制与风险管理在企业中偏向于基本保障、风险预防。如果将企业比喻为一辆向前行驶的车辆，那么合规管理、内部控制与风险管理应该类似于刹车、前后护栏、ABS（防抱死制动系统）等组合在一起的功能。

合规管理、内部控制、风险管理侧重的视角不同。合规管理强调对规则（法律、规章制度、商业伦理、当地宗教和文化）的遵守，内部控制强调对行为（企业各层级、业务各环节）的限制，风险管理强调对未来不确定性事件的控制。

合规是内部控制要达到的目标之一，而内部控制则被涵盖在企业风险管理之内，是风险管理的一个基础和组成部分。因此，从三者的内涵来看，合规管理小于内部控制，内部控制小于风险管理。但从价值上来看，三者目前并不是可以相互取代的。

Chapter 2

第二章

老挝概况

一、地理位置和人口分布

（一）地理位置

老挝人民民主共和国（简称老挝）是中南半岛北部唯一的内陆国家，北邻中国，南接柬埔寨，东接越南，西北达缅甸，西南毗连泰国。湄公河在老挝境内干流长度为 777.4 千米，流经首都万象，作为老挝与缅甸界河段长 234 千米，老挝与泰国界河段长 976.3 千米。

首都万象市属于东 7 时区，比北京时间晚 1 个小时。无夏令时。

（二）人口分布

根据老挝统计局数据，截至 2021 年，老挝人口总数为 733.8 万，其中女性 366.2 万。从年龄看，老挝人口目前仍呈倒金字塔形分布，25 岁以下人口占总人口约 50%。2021 年老挝各省市及人口分布见表 2-1。

表 2-1　2021 年老挝各省市及人口分布

省市名称	人口数量（万人）	省市名称	人口数量（万人）
万象市	96.9	华潘省	31.3
琅勃拉邦省	47.1	乌多姆赛省	35.1
川圹省	27.0	南塔省	20.2
丰沙里省	19.5	万象省	46.8
波乔省	20.7	沙耶武里省	42.9
波里坎赛省	32.0	甘蒙省	44.0
沙湾拿吉省	108.6	沙拉湾省	45.0
色贡省	13.2	占巴塞省	76.2
阿速坡省	16.3	赛松本省	11.1

资料来源：老挝统计局。

二、自然环境和自然资源

（一）自然环境

1. 气候条件

老挝属热带、亚热带季风气候。5 月至 10 月为雨季，11 月至次年 4 月为旱季。年平均气温约 26℃，老挝全境雨量充沛，一般年份降水量约为 2000 毫米，年降水量最少的年份为 1250 毫米，年降水量最大的年份可达 3750 毫米。

2. 地形地貌

老挝版图形状呈南北长而东西窄，全境地势北高南低，西北向东南倾斜，是一个多山的内陆国家，境内 80% 为山地和高原，有“印度支那屋脊”之称。自北而南有会芬高原、镇宁高原、甘蒙高原和波罗芬高原四大高原。其中镇宁高原又称川圹高原，海拔 2000 ~ 2800 米，为老挝最高地区，有老挝“屋顶”之称。平原主要分布在万象以南的湄公河沿岸。湄公河流经老挝西部，为老挝最大的河流。老挝全境除东北部外大部分属于湄公河流域。

3. 水系

发源于中国的湄公河是老挝最大河流，在老挝境内的大小支流达 20 余条。其中，北部支流源头为川圹高原北部山地，其山脊为湄公河水系和北部湾水系的分水岭，支流呈东北至西南走向；南部支流均发源于长山山脉，其山脊亦为湄公河水系与南海水系的分水岭，支流呈东西走向。

（二）自然资源

1. 土地资源

森林覆盖了老挝约 80%的土地面积，农业用地约占总土地面积的 10%，而耕地面积不到 7%。

2. 森林资源

2019 年老挝森林面积约 1940 万公顷，主要森林类型包括季风林、常绿林和混合落叶林，其中又以混合落叶林最为常见。老挝常见树木包括铁木、红木和松木等，亦出产柚木、花梨等名贵木材。

3. 水资源

老挝水资源丰富，湄公河干流和支流众多，覆盖全国约 95%的乡村，地势落差大，水电资源丰富。老挝的水资源大部分被用于农业部门，此外，航运、水力发电、渔业、旅游等方面的潜力也被逐渐发掘，带动老挝经济发展。

4. 矿产资源

老挝矿产资源种类较多，目前已发现有铁、金、铜、铅、锌、钼、锑、锡、锰、铝土矿、钾盐、石膏、煤、高岭土、叶蜡石、宝石、石墨、石棉、滑石、石灰岩和石英砂等 20 余种矿产，经过系统地质勘查的矿床（点）很少，投入工业开发的更少。其中较为重要的是金矿、铜矿和钾盐等。

三、经济状况和发展规划

（一）经济状况

1. 总体经济

老挝经济以农业为主，工业基础薄弱。1986 年起老挝推行革新开放，调整经济结构，即农林业、工业和服务业相结合，优先发展农林业；取消高度集中的经济管理体制，转入经营核算制，实行多种所有制形式并存的经济政策，逐步完善市场经济机制，努力把自然和半自然经济转为商品经济；对外实行开放，颁布外资法，改善投资环境；扩大对外经济关系，争取引进更多的资金、先进技术和管理方式。从20世纪90年代开始，除1997年亚洲金融危机使老挝经济增速放缓外，其余年份国内生产总值（GDP）均保持稳定增长。

根据世界银行的数据，老挝2010年至2019年按现价美元计算的GDP由71.3亿美元增长至187.4亿美元，年均增长率为11%；人均GDP由1141.2美元增长至2613.9美元，年均增长率为9.6%。

2020年，受新冠疫情影响，老挝国内生产总值增速大幅下滑，同比增长0.5%。2021年，受疫情后全球经济复苏影响，老挝实现2.5%的经济增长，低于政府设定的4%的经济增长目标。2022年初，老挝经济出现复苏迹象，但此后国内外环境明显恶化，世界银行已将对老挝2022年的经济增长预测由此前的3.8%下调至2.5%。

近五年来老挝宏观经济数据见表2-2。

表2-2 2017—2021年老挝宏观经济数据

年份	GDP总额（亿美元）	GDP增长率（%）	人均GDP（美元）
2017	170.7	6.9	2455.2
2018	181.4	6.2	2569.1
2019	187.4	5.5	2613.9
2020	189.8	0.5	2609.0
2021	188.3	2.5	2551.3

资料来源：世界银行。

注：表内GDP总额以及人均GDP均以现价美元为基准。

2. 产业结构

据世界银行数据显示，2021 年，老挝三大产业占 GDP 的比重分别为：农业占 16.1%，工业占 31.4%，服务业占 38.8%（见表 2-3）。

表 2-3 2017—2021 年老挝产业构成（单位:%）

指标	2017 年	2018 年	2019 年	2020 年	2021 年
农业增加值占 GDP 比重	16.2	15.7	16.1	16.3	16.1
工业增加值占 GDP 比重	30.9	31.5	31.5	32.4	34.1
服务业增加值占 GDP 比重	41.5	41.6	41.5	41.0	38.8

资料来源：世界银行。

3. 财政收支

老挝自 2000 年以来一直存在持续的财政预算赤字，近年来占 GDP 比重曾一度超过 5%。2021 年老挝财政收入 271783.4 亿基普，占 GDP 的 14.69%，财政支出 295074.2 亿基普，占 GDP 的 15.95%。财政赤字从 2020 年占 GDP 的 5.22%下降到 1.26%。

4. 政府债务

在新冠疫情之前，高额财政赤字、国有企业的大量借贷以及 GDP 增长的逐渐放缓都导致老挝债务比率恶化。尽管 2021 年老挝政府财政赤字下降且新增外部借款有限，但公共和公共担保债务在 2021 年底达到 145 亿美元（占 GDP 的 89%），高于 2020 年的 133 亿美元（占 GDP 的 73%）。鉴于 2022 年老挝货币大幅度贬值，预计老挝公共和公共担保债务将进一步增加。

5. 通货膨胀

老挝的通货膨胀率在 2017—2020 年间从 0.8%逐步上升至 5.1%。

2021 年受国内食品价格下跌影响，老挝通胀率下降至 3.8%。但自 2022 年以来，老挝通胀率持续上升，从 1 月的 6.25%上升至 11 月的 38.46%，为 20 年来最高水平。通胀率居高不下的主要原因包括国际油价上升、疫情导致物资供应短缺、黄金价格上涨以及老挝基普持续贬值等。

6. **外汇储备**

老挝外汇储备较低，2022 年 8 月官方储备总额为 11 亿美元，覆盖不到两个月的商品和服务进口。

7. **对外贸易**

2021 年老挝外贸总额 135.14 亿美元，同比增长 20.5%。其中出口 76.27 亿美元，增长 23.1%，进口 58.87 亿美元，增长 17.4%，贸易顺差 17.4 亿美元。

（二）重点/特色产业

1. **农业**

老挝的气候及地理条件非常适宜农作物以及热带、亚热带果木的生长。在老挝粮食作物中，稻谷种植面积最广、产量最高，其次是玉米、薯类。老挝还拥有种类繁多的经济作物，主要有蔬菜、甘蔗、咖啡、花生、大豆、烟草、茶叶和橡胶等，主产区分布在会芬高原、川圹高原、甘蒙高原和波罗芬高原。

2021 年，老挝农业部门增长了 2.5%，种植业、畜牧业和林业是主要驱动力，其中稻米产量达到 360 万吨，高出预期 5%。此外，玉米、木薯、豆类、甘蔗、咖啡豆和水果的产量也均有增加。

2. **电力行业**

老挝地势北高南低，80%是山地，湄公河流经全境，素有“东南亚蓄电池”之称，水电资源丰富，是一个富电国家。老挝理论水电蕴藏量为26000MW，技术可开发容量为23000MW，其中湄公河干流及其主要支流占全国技术可开发量的90%以上。不过，老挝目前水电开发只是利用了湄公河的一些支流，水电资源发展空间较大。

3. **矿业**

老挝矿产资源丰富，境内有多座金矿、铜矿、钾盐矿世界级大型矿山，矿业出口额占老挝全国出口额的45%。老挝矿业领域的投资者主要是外国投资者，外国直接投资占老挝矿业全部投资的80%，其中中国投资者又是最重要的外国投资者。目前已有中国铝业、中国水电集团、中色国际、云南铜业、中农集团、云天化集团、开元集团等多家中资企业投资经营老挝矿业。

4. **旅游业**

老挝琅勃拉邦、巴色县瓦普寺、川圹石缸平原已被列入世界文化遗产名录，著名景点还有万象塔銮、玉佛寺，占巴塞的孔帕平瀑布，琅勃拉邦的光西瀑布等。革新开放以来，旅游业成为老挝经济发展的新兴产业。近年来，老挝与超过500家国外旅游公司签署合作协议，开放15个国际旅游口岸，同时采取加大旅游基础设施投入、减少签证费、放宽边境旅游手续等措施，推动旅游业持续发展。2013年5月，老挝被欧盟理事会评为“全球最佳旅游目的地”。2017年老挝共接待游客423.9万人次，2018年接待410万余人，前三大游客来源国为泰国、越南和中国。2019年为中老旅游年，全年中国赴老游客100万人次，同比增长25%。受新冠疫情影响，2020年共接待游客约为98万人次，同比约减少80%。

（三）发展规划

2016年，老挝国会批准十年社会经济发展战略（2016—2025年）

和 2030 年愿景，为政府发展提供纲领性指导。2021 年，老挝国会通过第九个五年社会经济发展计划（2021—2025 年），助力国民经济持续稳定发展。

1. 十年社会经济发展战略（2016—2025 年）

该战略提出，要实现可持续绿色经济增长，加强人力资源开发，高效利用自然资源，加强政府社会管理职能，积极融入国际一体化，推动实现工业现代化。同时提出，到 2025 年，老挝贫困率将削减至 10%，农业、工业和服务业产值分别至少提高 3.2%、9.3% 和 8.9%，商品和服务出口总额占 GDP 的比重不低于 15%。

2. 第九个五年社会经济发展计划（2021—2025 年）

该计划提出六大奋斗目标：一是国民经济持续、高质、稳定、可持续发展，未来五年实现经济年均增长 4% 以上，到 2025 年人均年收入达到 2887 美元。二是开发可以满足发展需要、具备研究和运用科技能力的高素质人才资源，提升生产和服务的效率和附加值。三是逐步提高人民物质和精神生活水平。四是保护环境，维护生态平衡，降低自然灾害风险。五是强化基础设施建设，利用国家地理优势和发展机遇，加强与地区和国际的合作及互联互通。六是严格按照法治国家建设方针，实现国家高效治理，确保社会公平公正。

3. 2030 年愿景

该愿景提出，到 2030 年，老挝将成为中高收入的发展中国家，国内生产总值较 2015 年增长 4 倍以上，实现经济平稳可持续增长，财政实现独立自主，社会主义市场经济体制逐步形成。

四、国家象征和政治制度

（一）国家象征

1. 国旗

现行老挝国旗于1975年启用，由红色、蓝色和白色组成。蓝色代表老挝富饶美丽的国土，以及老挝人民热爱和平安宁的生活。红色象征革命，表明老挝人民不惜以鲜血为代价捍卫国家尊严。白色圆形象征老挝人民在老挝人民革命党的领导下团结一致以及国家光明的未来。白色圆形也代表满月，置于蓝条之上，象征皎洁明月高悬于湄公河的上空（见图2-1）。

图2-1 老挝国旗

2. 国徽

现行的老挝国徽始用于1991年。中央的图案为塔銮、森林、稻田、水电厂和公路，下为齿轮。周围饰以稻穗。中间的绶带上书有国名，左右分别书有“和平、独立、民主、统一、繁荣”的字样（见图2-2）。

图 2-2 老挝国徽

3. **国歌**

《老挝国歌》又称《老挝人民歌》，是老挝人民民主共和国的国歌。其在 1947 年被老挝王国首度采用为国歌。1975 年老挝人民民主共和国成立后，更改歌词沿用至今。

（二）政治制度

根据老挝于 1991 年颁布的宪法，老挝人民民主共和国是人民民主国家，全部权力属于人民、由人民行使；人民的主人权力由老挝人民革命党为领导核心的政治体制的活动来获得实施和保证。老挝为一党制国家，老挝人民革命党是执政党，也是老挝唯一的政党。

老挝人民革命党每 5 年召开一次全国代表大会，讨论和决定党和国家的重大问题，并进行党内的人事任免。老挝人民革命党中央委员会总书记是老挝的最高领导人，除了主持召开老挝人民革命党中央政治局会议和领导老挝人民革命党中央书记处工作外，亦兼任国防和治安委员会主席，统率老挝人民军。

1. **宪法**

1991 年 8 月，老挝最高人民议会第二届第六次会议通过了老挝人民民主共和国第一部宪法。宪法对国会、政府、地方行政部门和司法系统的职能和权力以及公民的权利和义务等事项作了规定。

2. **国会**

老挝宪法规定，国会（原称最高人民议会，1992 年 8 月改为现名）是立法机关，负责制定宪法和法律，同时也是行政和司法机关的检察机关。国会根据国会常委会的提议，选举或罢免国家主席和副主席；根据国家主席的提议，审议政府官员的任免。

国会每届任期 5 年，每年召开两次会议，特别会议由国会常委会决定或由 2/3 以上的议员提议召开。国会议员由地方直接选举产生。当前国会为第九届国会，于 2021 年 3 月选举产生，共 164 名国会议员。

3. **政府**

老挝政府是国家最高行政机关，统一管理国家政治、经济、社会文化、国防、治安和外交等各方面工作。政府由总理、副总理、各部部长和其他部级机关首长组成。老挝政府总理为政府首脑，由国家主席任命，并报经国会批准，主要职责为指导和主持政府工作。政府政策由老挝人民革命党通过全权的政治局和中央委员会决定，重要的政府决定由部长会议审查。每届政府任期 5 年。

4. **司法机构**

老挝司法部主管国家司法行政工作，各省设司法厅，各县设司法局。司法行政部门属于行政机构，其职能包括：立法审查、执行生效判决、法律职业考试和培训、司法技术管理、商事仲裁、公证等。

老挝法院主要包括最高人民法院、大区级人民法院、省级人民法院、县级人民法院。最高人民法院是老挝最高司法权力机关。大区级法院于 2003 年开始设立，分为北部法院、中部法院、南部法院，分别管理辖区内省份的上诉案件。县级法院一般管理2~4个行政县的诉讼案件。

老挝检察院主要包括最高人民检察院、地方人民检察院和军事检察院等专门人民检察院。地方人民检察院具体包括大区检察院（分为北部检察院、中部检察院、南部检察院）、省级检察院和县级检察院。

（三）主要党派

1. 老挝人民革命党

老挝唯一政党和执政党，前身为印度支那共产党老挝支部。1955年3月22日建立，原称老挝人民党，1972年召开“二大”时改为现名。现有党员约34.8万人，党组织1.9万个。其宗旨是：领导全国人民进行革新事业，建设和发展人民民主制度，建设和平、独立、民主、统一和繁荣的老挝，为逐步走上社会主义创造条件。

2. 老挝建国阵线

成立于1956年1月，原名老挝爱国战线，是老挝人民革命党领导下的民族统一战线组织。

五、政府机构和行政区划

（一）政府机构

本届政府于2021年3月成立，设18个部和3个直属机构（中央银行、国家主席府、总理府）。

18个部分别为内政部、国防部、财政部、计划与投资部、公安部、外交部、工业与贸易部、技术与通信部、农林部、自然资源与环境部、劳动与社会福利部、新闻文化旅游部、公共工程和运输部、教育部、科技部、卫生部、司法部、能源矿产部。

主要政府部门和相关机构可见附录 1。

（二）行政区划

老挝全国划分为 17 个省、1 个直辖市（万象市）。全国自北向南分为上寮、中寮和下寮三大区。首都万象是全国的政治、经济、文化和科研中心，其他主要经济中心城市包括位于老挝北部的古都琅勃拉邦市、中部的沙湾拿吉市以及南部占巴塞省的巴色市。

1. 上寮（北部地区）

上寮包括南塔省、丰沙里省、乌多姆赛省、波乔省、琅勃拉邦省、华潘省、沙耶武里省、川圹省共 8 个省。

北部地区多为山区，其中川圹高原海拔 2000~2800 米，为老挝最高地区，有老挝“屋顶”之称。北部经济以传统的、自给自足的自然经济为主，农业人口占比较中部和南部地区高，工业基础薄弱。

北部地区是老挝橡胶产业的主要生产基地，丰沙里、南塔和乌多姆赛三省的产量占到全国总产量的一半以上，其中南塔省有超过一半的农户种植橡胶。与中国接壤的丰沙里省在玉米、甘蔗种植面积上领先其他各省，棉花种植也具有优势；华潘省和琅勃拉邦省是重要的大豆产地；南塔省为烟草种植重点发展区域；琅勃拉邦省是老挝佛教中心，旅游资源丰富。

沙耶武里、琅勃拉邦-川圹-华潘一带是老挝矿产资源集中分布的地区。川圹省的富诺安铁矿和陇维金矿、南塔省的银水山铜矿、琅勃拉邦省的帕奔金矿是老挝重要的金属矿床。沙耶武里省的孟洪沙煤矿、波桥省的会晒蓝宝石矿是老挝重要的能源和非金属矿床。

2. **中寮（中部地区）**

中寮包含五省一市，即万象省、赛松本省、波里坎赛省、甘蒙省、沙湾拿吉省和万象市。

中部地区多为平原，包括湄公河畔的各个平原，其中面积最大的是位于南俄河下游的万象平原，其他的还有石壶平原和占巴塞平原。该地区基础设施建设较为完备，交通便利，高等院校、科研机构集中，是老挝经济较为发达的地区。

中部地区是农业发展水平最高的地区，也是机械化和现代化程度最高的地区。甘蒙省和沙湾拿吉省是老挝粮食生产、加工及出口的全产业链基地。沙湾拿吉省是老挝水稻种植面积最大的省份，以湿季水稻为主。木薯种植户主要分布在首都万象市、波里坎赛省。

中部地区矿产资源蕴藏丰富。万象省的万荣铁矿、帕莱铁矿、帕龙铅锌矿、卡伊索铅锌矿、富开金矿，甘蒙省的班农洛铁矿、南巴坦锡矿，沙湾拿吉省的色奔铜金矿都是老挝重要的金属矿床。万象省的博占煤矿、万象钾盐矿、甘蒙省和沙湾拿吉省的他曲-赛布里钾盐矿是老挝重要的能源和非金属矿床。

3. **下寮（南部地区）**

下寮包含沙拉湾省、色贡省、占巴塞省、阿速坡省共 4 个省。

老挝政府一直致力于改善南部地区基础设施建设，推动发展与越南、柬埔寨、泰国的边境贸易，打造老柬越三角经济圈和老泰柬翠绿三角区。

南部地区农业经济发展水平不如中部地区，但具有发展外向型农业的交通、资源和市场优势。老挝政府将南部地区确立为主要农业发展战略区域、绿色农业产能基地。咖啡一直是老挝最重要的农作物，主要分布在布拉万高原和其他南部各省，种植面积最大的省份分别是占巴塞省和沙拉湾省。布拉万高原地区气候四季凉爽，降雨充沛，是世界上咖啡种植最佳产地之一。此外，南部地区还出产果蔬、豆类等经济作物，占巴塞省湿季水稻种植面积位居全国第二。

在矿产资源方面，波罗芬铝土矿是老挝重要的金属矿床，沙拉湾省的乍奎煤矿是老挝重要的能源和非金属矿床。

六、社会组织和公共交通

（一）社会组织

1. **工会**

老挝工会联合会是目前老挝唯一的全国性工会联合会，直接受老挝人民革命党领导。该组织的总部位于万象，约有 18 万名成员。该组织是世界工会联合会的成员。

点评：

中老两国工会多年来始终保持密切和稳定的友好合作关系。自 2004 年起，中国工会定期为老挝工会干部举办工会业务培训班。2021 年 12 月 3 日，中老两国互利合作的旗舰项目、高质量共建“一带一路”的标志性工程——中老铁路正式通车。“打造黄金线路，造福两国民众”成为两国和两国工会共同的努力目标。在中老铁路建设和运营期间，两国职工密切协作，加强技能培训和交流，结对了许多“异国师徒”，为中老铁路高质量建设和顺利运营作出了重要贡献。

2. **非政府组织**

在老挝开展活动的国际非政府组织由老挝外交部管理。国际非政府组织在老挝开展的活动不仅限于健康、医疗、教育等民生项目，也涉及人权、环保、民权、农村、商业运营以及信息技术等方面。国际非政府组织在推动老挝社会治理、改善当地民生、维护老挝少数民族权益、促进老挝妇女和儿童权益保护等方面发挥了积极作用。

2005 年 1 月，在老挝的国际非政府组织在世界银行的支持下成立 INGO 网络（directoryofngos. org），以促进和加强其成员内部以及和老挝政府之间的联络和信息共享。截至 2022 年，INGO 网络拥有 80 名组织成员。

点评：

随着国际非政府组织在老挝的影响力不断扩大，为确保老挝政局的稳定和社会的安定，老挝政府逐渐加大对国际非政府组织的管理力度。老挝总理 2010 年颁布的关于《国际非政府组织法令》的第 13 号法令规定，对国际非政府组织在老挝所开展项目的实施、人员组成以及资金流向等的申请和批准进行了详细的规定和严格的限制。

当前，老挝政府一方面将进一步借助和依靠国际非政府组织发展本国经济、改善民生，另一方面将进一步严格控制和限制国际非政府组织的活动和项目开展，尤其是对具有宗教背景和政治色彩的国际非政府组织加以严格的监管。

3. 主要媒体

老挝全国有各种报刊约 20 种。《人民报》为老挝人民革命党中央机关报，创刊于 1950 年 8 月 13 日，用老挝文出版。其他报刊还有《新万象报》和《人民军报》等。外语报有英文报《万象时报》和法文报《革新者》。中国国际广播电台在老挝设有分台，新华社在老挝也设有办事处。

老挝国家广播电台设在万象，用老挝语广播，对外用越、柬、法、英、泰语广播。此外，还有老挝人民军广播电台和14个省级广播电台。

老挝国家电视台建于1983年12月，共3套节目。每天各播放节目18小时左右。

点评：

老挝主流媒体对华态度友好，对中资企业和人员的负面报道主要涉及环境污染及欠薪问题。新冠疫情暴发后，老挝《人民报》社长兼总编辑端吉·沙瓦本米就新冠疫情相关情况接受采访，高度赞赏中国有效防控本国疫情，积极为世界各国援助抗疫物资、分享中国经验。同时，他表示，“个别国家的政客指责中国信息不公开透明，这是在无中生有，令人无法接受”。

（二）公共交通

1. 公路

公路运输是老挝主要的运输方式，承载接近80%的客货运量。根据老挝统计局的数据，截至2020年，老挝全国公路里程59101千米，其中混凝土路705千米，沥青路1276千米，柏油路11776千米，碎石路24082千米，土路21262千米。

2008年昆曼公路的贯通降低了中国与东南亚国家的陆路运输成本，有利于中国与东南亚国家的经贸往来。2019年5月28日，中国云南省建设投资控股集团有限公司和老挝计划与投资部在老挝首都万象签署中老高速公路项目合作框架协议。作为中老高速的重要一段，由云南建投集团投资建设的万象–万荣高速公路已于2020年底正式通车。此外，老挝北13号公路作为老挝最重要国道干线的一部分，已于2019

年启动升级建设工作，预计将于2023年完成修复升级。老挝政府还计划在未来几年内升级改造公路网中的多条公路，如国家2号公路、8号公路等。上述骨干公路建成后将极大促进老挝境内公共交通运输行业发展以及与周边国家的互联互通水平。

点评：

2018年3月，大湄公河次区域（GMS）六国政府共同签署《关于实施〈大湄公河次区域便利货物及人员跨境运输协定〉“早期收获”的谅解备忘录》，同年7月1日起正式实施后，GMS各国客货运车辆可持“GMS公路许可证”和TAD单证在指定路网中实现各CMS国家（缅甸除外）之间的自由通行。

2. 铁路

老挝铁路运输系统相对不发达，原有铁路约3.5千米，从首都万象的塔那凉车站通往老泰边境的友谊大桥，由泰国政府投资1.97亿泰铢修建，于2009年3月正式通车。

老挝政府整体规划将建设6条铁路，分别是中老铁路、老泰铁路、沙湾拿吉–老保（越南）铁路、万象–他曲–穆嘉（越南）铁路、他曲–沙湾拿吉–巴色–王岛口岸（泰国）铁路、巴色–温卡姆（柬埔寨）铁路。2014年12月，中老启动铁路合作，中老铁路全长414千米，其中62.7%以上的路段为桥梁和隧道。2021年12月3日，中老铁路全线通车运营，有力带动磨丁–磨憨跨境经济合作区的发展。

3. 空运

老挝共有12个机场，其中主要的国际机场有万象瓦岱机场、琅勃拉邦机场和巴色机场。国际航线主要有万象–昆明、万象–南宁、万象–广州、万象–常州、万象–曼谷、万象–仁川、万象–河内等。老挝没有开通洲际航线，通过洲际航空线路进出该国需经周边国家中转。

老挝国内有 20 多条航线，主要是以万象为中心辐射各省会。

老挝政府将继续建设和改造琅勃拉邦、川圹、沙湾拿吉等地机场，以刺激旅游业的发展。

4. 水运

老挝水路运输全长 4600 千米。根据老挝统计局数据，2020 年，老挝水运货运量为 244.1 万吨。湄公河在老挝境内全长 1800 多千米，流经 13 个省（市），沿湄公河有 20 多个小型码头，占运输总量的 18%。上湄公河部分航道整治后，旱季能通行 150 吨级船只，雨季能通行 300 吨级船只，下湄公河航段从波乔省会晒县以下仍未畅通。

5. 市内交通

老挝主要城市市区面积较小，公共交通系统较差，出行基本靠自驾车与当地特色“嘟嘟车”（一种三轮摩托车或四轮小货车改装的类似出租车的交通工具）。因老挝部分摩托车驾驶员行驶不规范、车速较快，市内驾车或步行需注意安全。

点评：

老挝已与中国签署协议，允许持有中国驾照的司机在老挝驾驶相应车辆。中国驾照需在公证处进行英文公证，并在当地外事服务中心进行认证。持认证后的公证件和驾照原件方可在老挝合法驾驶。另外，也可选择换取老挝临时驾照的方式在老挝驾驶车辆。

老挝交通法规与中国大体相似，车辆靠右行驶。驾车途中遇到老挝警方或有关部门检查时，应予配合，自觉按要求出示各类证件、许可和单据。遭遇处罚时，应向警察问清缘由并索要罚款单据。

七、外交关系

1. 对外政策

老挝奉行和平、独立和与各国友好的外交政策，主张在和平共处五项原则基础上同世界各国发展友好关系，重视发展同周边邻国关系，改善和发展同西方国家关系，为国内建设营造良好外部环境。2016 年老挝人民革命党“十大”重申继续坚持“少树敌、广交友”外交政策，保持同越南的特殊团结友好关系，加强与中国全面战略合作，加强与东盟国家睦邻友好，积极争取国际经济和技术援助。截至 2022 年底，老挝已与 148 个国家建交。

2. 同中国的关系

中国和老挝于 1961 年 4 月 25 日建交。20 世纪 70 年代末至 80 年代中，双方关系曾出现曲折。1989 年以来，中老关系全面恢复和发展，双方在政治、经济、军事、文化、卫生等领域的交流与合作不断深化，在国际和地区事务中密切协调与合作。老挝政府坚持一个中国立场，支持中国人民和平统一大业。

中老领导人保持经常性互访。2000 年 11 月，国家主席江泽民对老挝进行国事访问，这是中国国家元首首次访老，具有里程碑意义。访问期间，两国发表了《关于双边合作的联合声明》，确定发展两国长期稳定、睦邻友好、彼此信赖的全面合作关系。2006 年 11 月，中共中央总书记、国家主席胡锦涛对老挝进行国事访问，双方发表联合声明，决定进一步深化两党两国传统友好与全面合作，推动中老关系不断迈上新台阶。2009 年 9 月，中共中央总书记、国家主席胡锦涛与访华的老挝人民革命党中央委员会总书记、国家主席朱马里·赛雅颂达成共识，决定把中老关系提升为全面战略合作伙伴关系。2017 年 11 月，中共中央总书记、国家主席习近平同老挝党中央总书记、国家主席本扬一致同意共同构建中老具有战略意义的命运共同体。2019 年 4 月，中共中央总书记、国家主席习近平同老挝党中央总书记、国家主席本扬签署关于构建中老命运共同体行动计划。

中老经贸关系发展顺利。近年来，中老双边经贸合作不断深化，目前我国是老挝第二大贸易伙伴。中国企业于 20 世纪 90 年代开始赴老投资办厂，目前是老挝最大投资国。投资领域涉及水电、矿产开发、服务贸易、建材、种植养殖、药品生产等。

中国在力所能及的范围内，采取无偿援助、无息贷款或优惠贷款等方式向老方提供援助，领域涉及物资、成套项目援助、人才培训及技术支持等。主要项目有：玛霍索综合医院、地面卫星电视接收站、南果河水电站及输变电工程、老挝国家文化宫、琅勃拉邦医院及扩建工程、乌多姆赛戒毒中心、老挝地震台、昆曼公路老挝境内 1/3 路段、万象凯旋门公园、老挝国家电视台三台、老北农业示范园、国家会议中心、万象瓦岱国际机场改扩建等。

3. 同东盟的关系

1997 年 7 月老挝正式加入东盟后，积极参与东盟事务，发展与东盟的友好合作关系。近年来，老挝主办了多次东盟经济、技术、文化等领域相关会议。2014 年，先后主办了第 32 届东盟能源部长会议、第 14 次东盟海关会议等 20 余个东盟组织的会议。2016 年，老挝接任东盟轮值主席国，主办 2016 年东盟所有主要活动。2020 年 2 月，中国-东盟关于新冠肺炎问题特别外长会在老挝万象举行。

4. 同越南的关系

1960 年，老挝与越南恢复外交关系。两国高层互访频繁，各领域交往密切。2014 年，老挝国家主席朱马里出访越南；老挝总理通邢赴越南出席第 2 次国际湄公河高峰会议。同年，越共中央总书记阮富仲、越南政府总理阮晋勇、越南政府副总理兼外长范平明先后访问老挝。2017 年两国总理共同主持第 39 届越南–老挝政府间合作委员会会议。2017 年是《越老友好合作条约》签约 40 周年。双方在安保、国防、科技、自然资源、环保、农业、通信、劳务合作、文化、旅游及打击跨国犯罪等方面进一步加强合作。2018 年 9 月 11 日至 13 日，老挝政府总理通伦率团赴越出席 2018 年世界经济论坛东盟峰会。期间，通伦分别会见了越共中央总书记阮富仲、政府总理阮春福，并就 2019 年在越南举行老越政府间联合委员会第 41 次会议筹备工作交换意见。2019 年 1 月 24 日，越共中央总书记、国家主席阮富仲抵达老挝进行正式友好访问，同老挝人民革命党中央总书记、国家主席本扬 · 沃拉吉举行会谈。双方会见后发表的联合声明表示，两国同意在经济、文化、教育、卫生、科技、国防安全、阻止边境非法贸易方面加强有效合作。2020 年 1 月 2 日，应越南政府总理阮春福的邀请，由老挝政府总理通伦 · 西苏里率领的老挝政府高级代表团抵达首都河内，对越南进行访问并共同主持在河内召开的越老政府间委员会第 42 次会议。

5. 同泰国的关系

1950 年 12 月，老挝与泰国建交。两国关系平稳发展。2018 年 12 月 13 日至 14 日，泰国总理巴育访问老挝，与通伦总理共同主持召开两国内阁第三次非正式联席会议，就两国政治安全、经济、社会发展合作交换意见，双方同意制定 2019—2023 年老泰发展五年战略规划，共同见证两国各部门签署关于司法、交通、教育领域合作以及植物园项目、边检合作机制、泰老购售电项目的谅解备忘录。

2021 年是老挝与泰国建交 71 周年，两国关系总体保持睦邻友好势头。8 月 17 日，老挝国会主席赛宋蓬・丰威汉与泰国国会主席川・立派举行线上会晤，双方互相通报了各自的选举和疫情防控情况，回顾和总结了老泰两国之间往来合作的历程和成果，一致认为两国之间的联系与合作势头良好，高层互访频繁，中央和地方各级政府之间的友好合作取得成效，在经贸、投资、旅游、教育和卫生等领域的交流与合作取得突出成绩。

6. 同美国的关系

1950 年，老挝与美国建交。1975 年后两国仅维持代办级外交关系。1991 年 11 月升格为大使级外交关系。1992 年 8 月，双方恢复互派大使。2005 年，美给予老正常贸易关系待遇。近年来双方关系进一步发展，美向老禁毒、清除未爆炸弹、民生等领域提供援助。2012 年 7 月，美国国务卿希拉里・克林顿访问老挝，成为 57 年来首位到访该国的美国国务卿。双方讨论湄公河大坝兴建计划，以及越战时期使用的化学武器的遗留影响等问题。2016 年，美国总统奥巴马访老，同年两国签署《贸易与投资框架协议》，旨在促进双边贸易、削减关税、提高市场开放度，以及加强知识产权、劳工、环境和能力建设等合作。2021 年，美国援助老挝 100. 8 万剂强生新冠疫苗。

7. 同日本的关系

1952 年 12 月，老挝与日本建交。1991 年后，日本成为老挝最大的援助国，年均援助金额超过 1 亿美元。2015 年，老挝总理通邢访问日本并出席老日建交 60 周年庆祝活动，老日关系提升为战略合作伙伴关系。2021 年，日本援助老挝 61. 682 万剂阿斯利康新冠疫苗。此外，日本国际协力机构与日本贸易振兴机构驻老挝办事处持续发挥作用，负责协助落实老日两国政府间合作项目及协调日本援助老挝专家和志愿者相关工作。

8. **同俄罗斯的关系**

1960年10月，老挝与苏联建交。1975年老挝人民民主共和国成立后，苏联一度为老挝最大的援助国。1991年苏联解体后，对老援助全部终止。1991年12月，老挝政府正式宣布承认俄罗斯联邦，愿在和平共处五项原则的基础上发展同俄罗斯的友好关系。1992年3月，两国互派大使。1994年，两国签署友好关系原则协定。近年来，双方保持各领域友好交流合作，高层互访频繁。2019年4月，在第八届莫斯科国际安全会议期间，俄罗斯和老挝国防部就扩大两国军事合作达成一致。2021年7月6—7日，俄罗斯外交部部长谢尔盖·拉夫罗夫率团访问老挝并与老挝外交部部长沙伦赛·贡玛西在老挝首都万象举行会谈。双方高度评价在互相信任、互相帮助和在亚太安全战略合作伙伴的基础上建立的传统友好合作关系。双方一致同意加强在经贸、投资、能源、教育、军事、科技和旅游等领域的合作，推动两国良好合作务实发展，推进两国关系迈上新台阶。

9. **同欧盟的关系**

老挝与各主要欧盟国家保持传统友好关系。其中，德国、瑞典、法国均为老主要援助国，援助集中在基础设施建设、文化、人力资源开发、农业、卫生等领域。2011年8月，欧盟表示将放宽原产地规则，包括老挝在内的最不发达国家可以获得普惠制体系的豁免资格，将作为欧盟的优惠贸易伙伴进口原材料、生产成品并出口欧盟市场。

10. **同地区和国际组织的关系**

老挝是世界银行、国际货币基金组织等国际组织成员。老挝于1997年7月正式加入东盟，2013年2月2日加入世界贸易组织，2014年10月24日加入亚洲基础设施投资银行，是亚洲基础设施投资银行意向创始成员之一。

老挝是大湄公河次区域经济合作（GMS）成员，2008 年成功举办 GMS 第三次领导人会议。2012 年 10 月，第七届亚欧议会伙伴会议在老挝召开。同年 11 月，第九届亚欧首脑会议在老挝召开。2013 年 3 月，内陆发展中国家《阿拉木图行动纲领》亚欧地区审查会议、第七届柬老越（CLV）峰会、第六届柬老缅越峰会（CLMV）、第五届伊洛瓦底江-湄南河-湄公河经济战略合作峰会（ACMECS）在万象举行。2018—2020 年，老挝担任澜湄合作共同主席国。2018 年 12 月，澜湄合作第四次外长会在琅勃拉邦举行。2020 年 2 月，澜湄合作第五次外长会在万象举行。同年 8 月，以视频方式举办澜湄合作第三次领导人会议。

2022 年 1 月 1 日，区域全面经济伙伴关系协定（RCEP）正式生效，将极大推动老挝经济发展。

八、民族和宗教

（一）民族

老挝是一个多民族国家，民族成分十分复杂。根据 2005 年老挝政府出版的《老挝人民民主共和国各族群》，老挝有 49 个民族，大致划分为老泰语族系（约占全国人口的 60%）、孟-高棉语族系、汉-藏语族系和苗-瑶语族系。

老挝的民族状况有两个特点：一是各民族的发展很不平衡；二是老挝国内的一些少数民族是跨国民族，如泰族人跨泰国和老挝，苗族人跨中国云南和老挝等。

（二）宗教

老挝国民大多信奉小乘佛教。1961 年老挝宪法规定佛教为国教，约65%的老挝人信奉佛教。还有15%的老族人和老听、老松两大族系的诸多民族以及不少泰族人信仰原始拜物教。老挝的天主教徒大部分是泰族和越侨，信奉基督教（新教）的则以苗族居多。

九、语言和习俗

（一）语言

老挝是曾被法国、日本、美国殖民统治的国家，语言政策上留下了深刻的殖民统治烙印。老挝人民民主共和国独立后，制定了以老挝语为官方语言和教学语言的语言政策和语言法规，加强了老挝语言的传播和学习，也巩固了老挝的教学语言和教学制度。但是，法语、英语、汉语、越南语、泰语在老挝社会交际中仍然具有重要的作用。近年来随着中老两国经贸合作不断加强，老挝国内出现了学习汉语的热潮。

点评：

老挝的汉语教育源于华人华侨的增长。华侨为了自己子女上学，同时传播中华民族文化，在老挝捐资办学设立华文学校。1998年规模较大的私立华文学校有4所，即首都万象的寮都公学、沙湾拿吉的崇高德学校、巴色的百细华侨公学和朗勃拉邦的华文学校。这些华文学校都是开设幼儿班、小学和初中班的全日制学校。

2010年3月，老挝国立大学孔子学院举行了揭牌仪式，这是老挝设立的首个孔子学院，这个学院以及后来设立的老挝国家电台广播孔子课堂，都促进了当地的汉语教学，也给汉语爱好者提供了一个更好的学习平台。

（二）习俗

1. 社交礼仪

人际交往中，老挝人大都态度诚恳，待人谦恭。在社交活动中与别人见面时，他们所行最多的见面礼节是合十礼。在对外交往中，或是年轻人居多的社交场合，老挝人有时也采用握手礼。但是，绝大多数妇女还是习惯于采用合十礼。

2. 饮食习惯

老挝人日常的饮食以糯米饭为主，菜品的特点主要是酸、辣、生。用餐时一般不使用刀叉和筷子，而是习惯用手抓饭。

3. 服饰特色

老挝气候炎热湿润，人们的衣着打扮具有明显的热带风格，各民族的服饰各有特色，男人的服装比较简单，妇女则喜欢穿筒裙。

4. 生活禁忌

老挝人大多居住在濒临河溪的地方，对村旁河水的使用有着严格的区分：上段是取饮用水的地方，不能洗澡或洗衣物；中段是男人洗澡的地方；下段才是妇女洗澡的地方。取水时，只要水源处有公共用具如竹筒之类，就不能使用自己的器具直接舀水。室内的用水也有区分，一般来说，小竹筒或葫芦里的水多作饮用，不能用来洗东西。

进入老族的房屋要脱鞋，外人不得进入内室。在室内，不能随便吐痰和在火塘边烘烤鞋袜，不能在供神处坐卧或放置物品。进屋后一般席地而坐，坐时不能将脚对着他人，男子多为盘膝，女性则并膝后将双脚放在侧边。谈话时，不能从人们中间穿过，女性尤其如此。如果必须这样做，要低头说声“对不起”。对老人要尊敬并注意礼节。

老挝还有许多其他生活中的禁忌，例如头是最神圣的部位，不能随意触摸。进入佛殿要脱鞋，不能随便触摸佛像，更不能在佛寺或其附近杀生、砍伐菩提树和椿树之类。不得把佛寺中的东西带出寺外，更不得把和尚禁吃的东西，如狗肉、马肉、蛇肉及酒等带入佛寺。外人不能同和尚一起进餐，佛寺中的池塘、水缸或锅中的水，外人可以饮用，但不能喝和尚水壶里的水，除非是和尚给予的才行。

（三）节假日

老挝《劳动法》规定，员工有权休息并照常领取工资的节假日如下：

（1）国庆节：12 月 2 日（一天）；

（2）元旦：1 月 1 日（一天）；

（3）国际妇女节：3 月 8 日（女性员工休息一天）；

（4）老挝新年（三天）；

（5）国际劳动节：5 月 1 日（一天）；

（6）国家教师节：10 月 7 日（教师和教育管理者休息一天）；

（7）外籍员工可在其国籍所在国的国庆日休息一天。

如发生上述法定节假日与正常每周休息日重合，则须进行补假或倒休。民族传统节日是否休息，则视雇主和雇员之间的协议而定。

点评：

老挝是佛教国家，民间节日较多。在老挝较隆重的节日有：

（1）泼水节，也称宋干节，是老挝传统的新年，一般在每年 4 月 13 日至 15 日。节日期间，老挝人在寺院拜佛、浴佛、泼水、栓线、布施、堆沙、放生等，同时在家里、大街上相互泼水、祝福，让纯洁的水洗刷掉过去的疾病、灾祸，并祈求来年雨水充沛，五谷丰登，迎接美好的新的一年。

(2) 送水节，相当于中国云南省西双版纳傣族开门节，在每年10月中旬左右。节后僧侣可外出，老百姓可以开始婚配，主要庆祝活动有点灯笼、放船灯、赛龙舟等。

(3) 塔銮节，塔銮节因塔銮而得名，在每年11月份，时间为半个月左右。塔銮意为“大塔”或“皇塔”，位于万象市东边塔銮广场上。节日期间，全国各地的僧侣和佛教徒络绎不绝前往塔銮朝拜，民众也携带各种食物、香烛、鲜花等向塔銮朝拜及向僧侣布施。

十、货币与物价

(一) 货币兑换

老挝货币为基普（KIP，货币代码LAK），也称新基普，在银行一般称作“老币”，从1952年开始被正式采纳为国家货币，由中央银行老挝人民民主共和国银行发行。辅币阿特（ATT），1基普=100阿特。但由于1基普面值过小，老挝辅币已基本不在市场流通。

目前市面上常见的基普流通面值包括500基普、1000基普、2000基普、5000基普、10000基普、20000基普、50000基普、100000基普。更小面值的货币由于价值较低，较少在市面上流通。

老挝央行实行有管理的浮动汇率机制，每日设定参考汇率，允许商业银行和外汇管理局在±0.25%的范围内浮动。2019年以来，基普兑美元汇率持续呈现下跌态势。根据2020年3月31日的汇率情况，基普兑美元汇率在8900左右，兑欧元汇率在9800左右，兑人民币汇率在1250左右，兑泰铢汇率在295左右。而根据老挝央行公布的汇率，2022 年 12 月 13 日基普和主要货币的汇率如表 2-4 所示。

表 2-4 2022 年 12 月 13 日基普和主要货币兑换汇率

货币名称	汇　　率
人民币（CNY）	2473
美元（USD）	17327
欧元（EUR）	18252
英镑（GBP）	20934
泰铢（THB）	497.10
越南盾（VND）	0.71

资料来源：老挝人民民主共和国银行。

点评：

目前，基普仅限于在老挝境内使用，因此建议在离开老挝之前将基普兑换回本国货币或是其他可在全球范围内交易的货币。

根据老挝外汇管理规定，基普为有条件兑换。老挝鼓励使用本国货币，但在市场上基普、美元及泰铢均能相互兑换及使用。人民币仅在老挝北部中老边境地区兑换及使用。

（二）消费水平

1. 消费水平

根据老挝统计局数据，2021 年老挝人均 GDP 为 2595 美元。老挝的生活成本相对较低，普通老挝人的人均生活成本为每年 1000 美元左右。老挝公司员工的平均月工资约为 200 美元。万象市的人均收入和消费水平相对较高，约为全国平均水平的两倍。老挝居民的消费支出中，食品、住房和家居的开支占主要部分。

2. 物价水平

老挝的物价水平在东南亚地区属于中等偏上，主要是因为老挝工业发展落后，日常用品多依赖于进口。根据老挝统计局数据，2021 年老挝部分商品的市场价格如表 2-5 所示。

表 2-5 2021 年老挝部分商品市场价格

商品名称	价格
普通大米	10120 基普/千克（约 4 元）
糯米	8714 基普/千克（约 3.5 元）
菠菜	8501 基普/千克（约 3.4 元）
黄瓜	6322 基普/千克（约 2.5 元）
猪肉	49832 基普/千克（约 20 元）
牛肉	36440 基普/千克（约 15 元）
鸡肉	38759 基普/千克（约 16 元）
鱼	52297 基普/千克（约 21 元）
鸡蛋	32657 基普/30 个（约 13 元）
糖	8693 基普/千克（约 3.5 元）
普通汽油	10713 基普/升（约 4.3 元）
柴油	9297 基普/升（约 3.7 元）

资料来源：老挝统计局。

十一、金融服务

（一）外汇管理

老挝人民民主共和国银行是老挝的中央银行，也是其外汇管理部门。外汇管理主要法规包括《外商投资促进和管理法》和《外汇管理法》。

根据老挝外汇管理规定，老挝定居者和非定居者均可在境内商业银行开设外汇存款账户并取得利息。个人开立外汇存款账户需要提供身份证或护照原件，请人代办还需要开户授权书和经办人身份证；个人开户超过价值 10000 美元的，要提供资金来源证明。此外，个人还可以申请开设其他外汇账户，但必须有证明其职业和固定外汇收入的相关文件，或具有接收外汇的充分理由。无资金来源证明的，只能先存入外汇存款账户内。持有外汇的老挝非定居者也可通过外汇兑换在商业银行开设基普账户，并有权取出基普和取得利息，或将账户中的基普兑换成外汇。

法人开立外汇账户需要提交外汇开户申请书和营业执照/企业注册证、税务登记证；如果属于外国资金来源，还要有老挝计划与投资部门出具的投资许可证。老挝境内外的法人因经营活动需要进出口、境外投资或贷款的，只准许开立支票账户，开户申请需要提交外汇开户申请书、营业执照/企业注册证、税务登记证、计投部门的投资许可证、老挝央行或财政部的境外贷款申请书、公司董事会或公司法人的委托证明及其他必要文件。

经央行批准，老挝定居者可在境外开设账户用于以下目的：(1) 从事跨境业务，如陆路、航空、水路运输，邮政，旅游，劳务输出和境外承包工程；(2) 与外国进行包括商业信贷在内的放贷和还贷结算；(3) 根据有关部门的批准在境外设立分支机构或代表处；(4) 对外投资；(5) 老挝央行规定的其他目的。留学人员、外交人员或公派出国人员可在境外开设账户而无须老挝央行批准。

点评：

个人外汇存款账户主要用于接收客户合法的现金、转账收入。如果客户存入金额巨大或该笔外汇收入与商业活动无关，商业银行在给予入账后必须报告老挝央行反洗钱信息办公室。法人外汇存款账户用于接收客户从商业经营中取得的合法的现金收入、转账收入、投资资金、经批准获得的外国贷款，以及在外国投资取得的分红或利润。无论个人还是法人存款账户，账户中的外汇均可取现或转入其他账户；如果要在老挝境内使用，则只能在免税商店支付使用，其他情况下的使用须经老挝央行批准。

除获得中央政府批准外，个人、法人和组织机构在老挝境内只能使用老挝货币基普进行买卖、货物和服务费的收付款、偿还债务、支付工资（包括劳务费和奖金）、向政府纳税、确定商品价值、标定商品价格和服务费价格及进行价格宣传。任何未经许可在境内使用外汇进行支付或结算的行为均视为非法。

自 2016 年 12 月 12 日起，居民个人和企业在商业银行和货币兑换机构购买外汇后，资金必须存入商业银行专用账户。该笔资金不能以现金方式提取或转账到其他个人或企业账户以在国内使用，仅允许用于海外结算。外币现钞只允许在机场和过境点等边境检查站出售，并且只允许在国外使用。

点评：

尽管老挝法律明确禁止任何个人、法人非经允许在境内流通领域直接使用外币进行买卖或结算，原则上对外汇使用、兑换进行了严格的规范，但在实际执行过程中却相当松弛。泰铢在老泰边境老挝一侧使用和流通曾经司空见惯，其受欢迎程度在 20 世纪 90 年代以前一度超过老挝本国货币，而人民币在万象市三江市场的使用也相当广泛。2011 年 6 月 9 日，中国–老挝本币跨境结算在昆明正式启动，这使得中老两国的企业、银行和个人可以使用本币或对方国家的货币开展贸易、金融结算。但这并不能成为人民币在老挝境内市面上流通、使用的理由。从法律上讲，外汇在老挝市场上流通使用是非法的。随着老挝外汇管制法律法规的日臻完善、执法检查力度的加强和人们依法使用货币意识的提高，近几年外汇在老挝境内的使用也将变得越来越规范。

老挝对携带本币出入境有限额规定，即可携带不超过 2000 万基普的现金出入境。但对携带外汇及贵重物品入境却不作限制，只是要求携带价值超过 1 亿基普的必须向海关申报，以便海关官员出具外汇和（或）贵重物品入境证明。商业银行有义务为上述入境外汇提供存款、兑换、转账等服务并支付相应的利息。出境时若携带价值超过 1 亿基普的外汇和（或）贵重物品，须持有老挝央行及其授权商业银行的许可，或是老挝海关出具的外汇和（或）贵重物品入境证明。

点评：

外国投资者将资金以现金形式带入老挝境内，须提供海关出具的现金入境证明和境内商业银行的存款账户复印件。如果没有上述证明材料，老挝银行将不予开具资金入境证明（现金入境证明是该资金以后得以出境的重要凭据），未来可能会影响该资金的正常使用。

（二）银行与保险

1. 银行

老挝中央银行负责监管老挝商业银行及金融机构。截至 2022 年，除老挝中央银行以外，老挝正常经营的商业银行有 38 家，包括 1 家国有商业银行（老挝外贸大众银行），1 家政策性银行（Nayoby 银行），5 家联合商业银行，7 家私有银行，8 家外资子行以及 16 家外国银行分行。

（1）老挝人民民主共和国银行是老挝中央银行，于 1995 年成立，最高管理机构为行长与副行长组成的执行董事会，下设银行监管部、金融机构监管部、证券交易委员会办公室、老挝证券交易所、银行业协会、反洗钱情报组等部门，以及乌多姆塞省分行、琅勃拉邦省分行、沙湾拿吉省分行、占巴塞省分行 4 家分行。

（2）老挝外贸大众银行（BCEL）为老挝最大的国有银行，财政部持有其 70%的股份，其在全球拥有 19 个分支机构、75 个服务单位、10 个交换单位和 100 多家代理行。在老挝，BCEL 在使用创新技术系统方面（如自动取款机、存款机、移动和网上银行）处于领先地位。其主要经营业务包括：存款、贷款、信用证、结算、外汇、ATM/借记卡和信用卡、移动和网上银行等。

（3）Nayoby 银行属于政策性银行，是老挝中央银行管理下的一个非营利性法人实体，主要负责管理和使用政策性贷款以支持 64 个最贫困地区的商业生产和社会经济发展。

（4）老中银行于 2014 年 1 月在万象正式营业，由中国云南富滇银行股份有限公司和老挝外贸大众银行共同投资设立，是中国银监会批准的中国城市商业银行在境外设立的首家经营性机构。其主要经营业务包括：基普、美元、人民币、泰铢 4 种货币的资产、负债、兑换及中间业务，同城转账、境内外汇款等转账汇款业务，以及担保、抵押、信用等资产类业务。

（5）中资银行。随着中国与老挝在金融领域的合作不断深化，中资银行也进入老挝金融市场。目前，在老挝的中资银行有中国工商银行万象分行、中国银行万象分行。

中国工商银行万象分行于 2011 年 11 月正式开业，主要经营业务包括：为老挝电力、电信、矿产、铁路等大型基础设施建设提供融资，以及外汇结算、国际贸易、担保业务、内保外贷等金融服务。2022 年 9 月，中国人民银行授权中国工商银行万象分行担任老挝人民币清算行。

中国银行万象分行成立于 2015 年 3 月，并于 2016 年被老挝央行批准成为当地人民币清算银行，主要为个人和公司提供综合金融服务，如存款、贷款、汇款、国际结算及贸易融资业务等。

中国银联、中国国家开发银行等也在积极开拓老挝金融市场，助力老挝金融基础设施建设。其中，中国银联、中国国家开发银行和老挝中央银行合作建设的老挝国家银行卡支付系统于 2015 年正式上线，由中国银联在支付系统设施建设、运维服务等方面提供支持；老挝中央银行、银联国际、老挝外贸银行等 9 家机构于 2019 年成立合资公司“LAPNet”，共同运营老挝国家银行卡支付系统。

点评：

拥有商务签证和工作许可证的外国人可以在大多数老挝银行开立美元、泰铢或老挝基普储蓄或定期存款账户。在申请个人账户时，需要提交有效身份证件，如护照和工作许可证等。

老挝各地金融发展水平非常不均衡。首都万象以外，特别是农村地区，金融服务水平比较落后，提款不便，建议在万象提前准备充足的现金后再行前往。

2. 保险

整体来看，老挝保险市场仍处于初步发展阶段。1990 年老挝正式出台《保险法》。1991 年，老挝政府和法国 AGF 保险集团（后被德国安联集团收购）达成协议共同出资建立老挝国家保险公司，成为老挝第一家设立运营的保险公司。1992 年老挝颁布《保险法实施细则》，对老挝境内设立保险公司作了限制。

2020 年 4 月 14 日，老挝第 78/NA 号《保险法》（修订）生效。修订后的《保险法》对老挝的保险监管制度进行了几项重大变更，包括关于人寿保险产品、保险业务运营和暂停措施、合并要求、披露要求以及在老挝注册和经营的保险公司（包括保险经纪人）的解散和清算措施。

新法规定，保险公司必须在老挝注册为“有限公司”或“公众公司”才能在老挝经营保险业务，这意味着潜在投资者不能再申请设立个体企业或合伙企业开展人寿保险或一般保险业务。

在老挝经营人寿保险或一般保险业务的最低注册资本要求从之前的 160 亿基普大幅提高至 300 亿基普。如果保险公司还提供再保险服务，则最低注册资本要求为 600 亿基普。

在保险公司的整个业务运营过程中需始终保持上述最低注册资本额。如果保险公司的注册资本以实物形式出资，则资产必须：（1）位于老挝人民民主共和国境内；（2）直接用于业务运营；（3）由财政部批准的资产评估公司进行评估。

根据之前的《保险法》，相当于最低注册资本 1/3 的金额需要存入老挝的一家商业银行作为担保。在新法中，此保证金义务被保证义务所取代，即保险公司必须在老挝的一家商业银行持有不少于其注册资本 20%的现金，或取得财务稳定的商业银行的担保，以承担保险公司的赔款支付责任；担保金额必须至少为保险公司注册资本的 20%。

点评：

老挝主要保险公司包括：

（1）老挝国家保险公司。在老挝保险市场上占有的份额最大，在全国设有分支销售网点，并在边境口岸设有销售服务点，主营业务是寿险、意外险、财产险等。

（2）老越保险公司。由越南投资发展商业银行、越南 BIDV 保险公司、老挝外贸大众银行、老越银行发起成立，主营业务是人寿险和非寿险。

（3）TOKO 保险（老挝）公司。由 TOKO 集团（出资 80%）和老挝公安部（出资 20%）共同发起成立，主营业务是企业保险、财产险和意外险等。

（4）三井住友保险（老挝）公司。由三井住友保险公司（持股 51%）与老挝财政部（持股 49%）发起成立，主营业务是汽车险和人身意外险。

（5）澜沧保险公司。由越南通信与邮政部下属保险公司和老挝发展银行分别出资 51%和 49%成立，主营业务是财产险和意外险等。

（6）PCT 亚洲保险公司。前身为 Insee 保险公司，是一家独资的本土民营保险公司，专注于非人寿保险业务。

（7）老挝环宇保险公司。2017 年成立，是首家中资保险公司，主营业务是财产险、人寿险、农业险等。

（三）信用卡

老挝当地信用卡使用尚未普及，但中国银行发行的有银联标志或 VISA 及万事达卡可以在当地较大商店使用。

（四）融资

老挝《投资促进法》规定，外国投资者与其国内投资者同等享受老挝各大商业银行以及境内外其他金融机构提供的金融服务。但鉴于老挝金融市场的现状，中资企业在老挝融资较为困难。

老挝商业银行资产规模普遍较小，资金实力较弱，无法满足重大项目的资金需求。同时，老挝各商业银行习惯以土地证作为申办贷款的抵押物，但因老挝奉行土地国有制，中资企业很难拿到土地证作为抵押物来获取贷款。

除商业银行外，老挝还有存款型微型金融机构、非存款型微型金融机构和信用社等三类小型贷款机构。但这些机构贷款能力偏弱，贷款对象有限，贷款利率较高，往往只能帮助企业解决短期的流动性资金问题。

点评：

除了在老挝境内开展融资外，“走出去”企业还可以通过如下途径开展融资。

1. 在中国境内融资

在境内融资一般采用信贷融资、债券融资、股权融资等三大类方式。

2. 在国际市场融资

如可以向亚洲基础设施投资银行、欧洲复兴开发银行、国际金融公司等金融机构进行融资。

3. “一带一路”多双边合作基金

为推进“一带一路”建设、企业“走出去”和国际产能合作，中国发起设立了多支多双边合作基金，如丝路基金、中国-东盟投资合作基金、中国-中东欧投资合作基金、中国-欧亚经济合作基金、中非发展基金、中非产能合作基金、中拉合作基金等。

多双边合作基金主要以股权类投资为主，可在不增加企业债务负担的情况下，为项目建设提供长期、可靠的资金支持，契合大型项目建设周期长、资金需求量大的特点，是对信贷融资、债券融资等融资方式的有益补充。中国企业可根据项目特点及所在地区，多与对应的多双边合作基金进行对接，获得融资支持。

（五）证券市场

老挝证券市场是目前世界上规模最小的资本市场之一，但是发展潜力巨大。2010 年 10 月 10 日，老挝证券市场在万象举行挂牌仪式，2011 年 1 月 11 日正式开盘。当时只有两家公司：老挝外贸银行和老挝电力公司，总市值约 5. 2 万亿基普。截至 2022 年 1 月，老挝证券市场共有 11 家公司，总市值约 7. 8 万亿基普。

2013 年 11 月 16 日，由中国太平洋证券股份有限公司与老挝农业促进银行、老挝信息产业有限公司合资成立的老-中证券有限公司开业，成为继老-越、老-泰证券公司之后，老挝第三家合资证券公司。老-中证券有限公司是老挝证券管理委员会批准设立的首家中资参与的合资证券公司，同时也是中国证监会批准在境外设立的第一家合资证券公司。

十二、通信与电力

（一）通信

老挝的国家代码是 00856，从老挝国外拨打该国固定电话和手机需要在电话号码和地区区号前加 00856，即“00856-（区号）-×××××××××”。

老挝基本建成全国通信网络，光缆分南北和东西走向，全长约 6000 千米。根据联合国国际电信联盟数据，2018 年老挝固定电话用户量为 148.2 万，平均每百人拥有 20.99 部；移动电话用户量为 366.2 万，平均每百人拥有 51.86 部。

2012 年，老挝开通由华为提供设备并承建的 LTE 网络（4G）。2015 年，老挝发放 4G 牌照，正式启动 4G 网络业务。2020 年底，老挝发放 5G 试商用牌照，探索 5G 发展道路，促进老挝智慧城市和经济社会发展。联合国国际电信联盟数据显示，2021 年老挝 4G 覆盖率为 52%，低于全球 88%的平均水平，尚无 5G 覆盖率。

点评：

老挝主要的电话卡有 4 家营运商：ETL、Unitel、Beeline 和 M-Phone。4 种卡均为单向收费，在老挝境内无漫游和长途，充值和余额查询是自助式，方法都一样，充值为按“121+充值卡密码+#”，再按拨号键即可；余额查询为“＊122#”，再按拨号键即可。主要使用通话功能的推荐用 ETL：直拨中国号码，1999 基普/分钟；打老挝境内，800 基普/分钟。主要使用数据功能的推荐用 Unitel，可以开通包天、包周及包月不同数据套餐。电话卡及充值卡在挂有营运商标志的店铺即可买到，价格为 15000 基普左右。购买后要发送姓名和护照号注册开通。

（二）网络

根据全球数字洞察机构 Data Reportal 数据显示，截至 2022 年 1 月，老挝共有 380 万互联网用户，互联网普及率占总人口的 51.1%。

在 2021 至 2022 年间，老挝互联网用户增加了 26.4 万（+7.5%）。移动网络连接速度中位数为 23.71Mbps，固定宽带连接速度中位数为 28.84Mbps。

点评：

老挝各城市很多旅馆、咖啡厅都有免费的 Wi-Fi，网吧也比较多，用电话卡上网也很方便。

（三）电力

老挝水电资源丰富，除自用外还可出口，但少部分村、县尚未通电。老挝能源矿产部数据显示，截至 2022 年初，老挝全国共有电站 89 座，其中水电站 78 座、火电站 1 座、生物电站 4 座、太阳能电站 6 座，总装机达 1022 万千瓦，年均发电量达到 743 亿度，可满足国内需求并向泰国、越南、马来西亚、柬埔寨和缅甸出口富余电力。目前，老挝各省会城市已实现电力供应，全国 94%村庄和 95%的家庭实现通电。

电力互联方面，老挝主要与中国、泰国和越南存在电力联网。其中，电力外送主要方向为泰国，以 230kV 及 500kV 高压交流等级送电，其余国家主要以 230kV 及以下电压等级实现少量电力交换。

老挝的电力规划、开发、实施及运营由老挝国家电力公司负责。该公司为国有公司，是老挝唯一的电力运营机构。目前老挝正在从中央计划经济向市场经济转化，并力争在宏观经济稳定、生产发展、鼓励小部分私营经济、增加外国直接投资及贸易交流方面保持稳定的发展。在“一带一路”建设的号召下，中国企业积极参与老挝电力行业，以直接投资、EPC（设计、采购、施工）工程承包等形式助力老挝经济增长。

十三、医疗与安全

（一）医疗

老挝医院主要分为公立医院和私立医院，老挝公民在公立医院可享受免费医疗。2016 年，老挝政府推出针对所有老挝公民的国家健康保险计划，并根据不同人群推出了全民医疗保险计划。

根据老挝统计局数据显示，截至 2020 年，老挝拥有中心医院 5 家，科学疾病中心 3 家，省、市、县等地区性医院 152 所，卫生站 1070 所，私人诊所约 1050 所，全国共计床位数约 9331 张，执业医师 20351 人。

目前，老挝医疗技术水平可满足常见病、多发病的治疗，如热带地区常见的肠道疾病、肝病等，但在肿瘤、心血管疾病、骨科疾病等的治疗上十分有限，诸多医疗项目也难以开展。公立医院条件有限，私立医院规模又小，整体医疗条件难以满足老挝公民的就医需求，每年老挝有不少患者选择到泰国、越南等东南亚国家就医。

点评：

由于老挝医疗资源紧张，医疗水平相对落后，外籍人士在老长期生活可考虑额外购买国际医疗保险，并根据投保金额选择适合自己的老挝当地公立或私立医院，或前往其他国家的医疗机构看病就医，充分保障就医需求。

老挝主要城市设有药房可以购买一般药品，通常营业到晚 8 点。但较为偏远地区药房覆盖率不足，建议前往老挝偏远地区时自备常用药品。

（二）安全

1. 治安

老挝国民大多信奉小乘佛教，民风淳朴，社会治安总体良好，但也有治安案件发生，不能放松警惕。老挝人民对中国比较友善，没有任何歧视。

老挝法律规定，符合条件的个人经批准可持有枪支。

2. 自然灾害

老挝自然灾害较少，个别年份可能发生旱灾、洪灾及洪灾引发的泥石流。

［**案例** 2-1］

2018 年 7 月因降雨较大，造成阿速坡省一在建电站大坝决堤，多人死伤，数百人失踪，6000 多人受灾。

3. 卫生安全

老挝气候湿热，蚊虫较多，登革热多发。餐馆卫生状况普遍较差，外出就餐应注意避免吃生食。

Chapter 3
第三章

前往老挝手续办理及相关须知

一、老挝签证入境

（一）签证类别

根据访问目的和停留时间不同，赴老挝的签证类别分为外交签证、公务签证、投资签证、商务签证、旅游签证、劳务签证等 14 类。其中与商务投资相关的部分签证信息如表 3-1 所示。

表 3-1 老挝与商务投资相关的部分签证信息

签证类型	签发对象/目的	停留时间	所需材料
商务签证（NI-B2）	入境投资、商业考察或中长期停留的外国公民	30 天（可延长 2 次，每次 3 个月）	1. 护照正本； 2. 2 寸白底/蓝底证件照 4 张； 3. 签证申请表； 4. 身份证正反面复印件； 5. 老方公司邀请函。
	外国投资者、股东、总裁或副总裁、经老挝计划与投资部认定的技术人员	3 个月、6 个月、1 年	1. 公司的授权书； 2. 公司在老挝的投资许可证复印件和特许经营证明； 3. 公司营业执照证复印件和完税凭证复印件； 4. 3 份申请人护照复印件； 5. 老挝中央/省级公安部门授予申请人的居住证。
劳务签证（LA-B2）	已经拥有工作许可证，并由老方企业合法雇佣的外国公民	2 年	1. 护照正本； 2. 2 寸白底/蓝底证件照 4 张； 3. 签证申请表； 4. 身份证正反面复印件； 5. 老方公司邀请函。

续 表

签证类型	签发对象/目的	停留时间	所需材料
旅游签证（T-B3）	入境旅游、探亲访友，以及其他具有合法目的的外国公民	30 天（可延长 2 次，每次 30 天）	1. 护照正本及首页复印件； 2. 2 寸白底/蓝底证件照 2 张； 3. 签证申请表； 4. 身份证正反面复印件。

资料来源：老挝移民局《老挝移民和外国人管理法》。

（二）签证办理

中国公民持有效期 6 个月以上的因私护照从本国前往老挝旅行或从第三国入境老挝，可就近到老挝驻中国大使馆，老挝驻昆明总领事馆及其景洪领事办公室，老挝驻上海、广州、南宁、长沙和香港总领事馆提前申请签证，也可在抵达老挝国家口岸时申请落地签证。

2019 年 7 月 9 日，老挝正式启动电子签证服务，可在老挝官方在线签证网站（laoevisa. gov. la）申请电子签证，电子签证有效期最长为 60 天，停留期限 30 天。电子签证目前适用于万象瓦岱国际机场、万象老泰友谊大桥（Ⅰ，Ⅱ，Ⅳ）、琅勃拉邦国际机场、巴色国际机场等国际口岸。

点评：

拿到签证后，应及时仔细核对签证上的各项信息是否正确，尤其是签证有效期的起止时间及停留天数是否与所申请的相符，签证上的个人信息和姓名拼写是否正确，如发生任何错误，应及时与老挝驻华使领馆联系。

老挝驻外使（领）馆只为外国申请人颁发一次入境、停留期 30 天的旅游签证；但可为外籍老挝人颁发一次入境、停留期 90 天的旅游、探亲签证。如需延期可向老挝移民局申请。商务和劳务签证须由在老挝注册的公司和项目单位向老挝劳动社会福利部和老挝外交部申请批准，由老挝外交部领事司通知驻外使（领）馆办理签证。

中老两国对持外交、公务和公务普通护照者实行互免签证政策，停留期30天。

二、入出境须知

（1）老挝入出境流程：入境时在口岸接受警察、检疫、海关人员对护照、人员和物品的检查验放；出境时在口岸接受海关人员和警察对人员、物品和护照的查验放行。

（2）外国公民入境老挝时，需要在入境口岸填写出入境卡（英文、老文）。老挝出入境卡为一张两联，左为入境联，右为出境联。出入境卡可在老挝机场或入境口岸免费索取。填写完整的出入境卡是外籍人士按规定出入老挝的重要凭证，其中出境联需妥善保管，并在出境时交回。若不慎丢失应在机场或出境口岸及时重新填写并上交。

（3）老挝禁止引进或输出武器、爆炸物、淫秽印刷品、古董文物等商品和物品。携带超过2000万基普现金或等值外汇及价值1亿基普以上的贵重物品入境老挝者，须经老挝银行批准并如实申报。携带价值50美元/人以上的物品、香烟200支以上、雪茄50支以上、烟草250克以上、威士忌酒1公升以上、红酒2公升以上，须如实申报。携带药品、印刷品、磁带、光碟、化学品、宠物、野生动物及植物等入境，须事先得到有关部门许可。

三、新冠疫情对入出境的影响

1. 老挝入境要求

老挝自2022年2月起开始放宽新冠疫情限制措施。截至2022年11月，未完全接种疫苗的旅客需要提供抵达前48小时内快速抗原检测阴性证明，已完全接种疫苗的旅客无须进行检测。

2. 自老赴华要求

根据国务院联防联控机制外事组《新型冠状病毒感染乙类乙管后中外人员往来暂行措施》，自2023年1月8日起，在老人员赴华无须在行前向中国驻老挝使馆申请健康码。

赴华人员需在行前48小时选择老挝境内任一家获得老挝卫生部许可的PCR检测机构进行核酸检测，将检测阴性结果通过微信小程序“海关旅客指尖服务”、“掌上海关”App、出入境健康申报网页等途径填入《中华人民共和国出/入境健康申明卡》。如呈阳性，则需在转阴后再赴华。

详细信息及更新请关注中国驻老挝大使馆“领事签证服务”栏目：la. china-embassy. gov. cn/lsfw/。

四、老挝紧急求助电话

中资企业及公民在老挝如遇突发状况，或遇有语言不通等特殊情况，应尽快通过各种联系方式与中国使馆领事部门取得联系，告知所遇困难及地理信息，以便尽快解决。

在中资企业间、华人内部发生的纠纷，应尽量内部协商解决，避免矛盾扩大，如需通过法律途径解决纠纷，可通过国内有关单位进行。

如遇恐怖袭击、绑架、抢劫等恶性治安事件，请及时报警，并与中国驻老挝大使馆和工作单位取得联系。

中国驻老挝使领馆依法维护我公民在老挝的合法权益不受侵害，对于违反当地法律法规的中国公民将提供法律咨询，最大限度提供必要协助。

相应的联络方式如下：

· 报警电话：1191

· 火警电话：1190

· 医疗急救电话：1195

· 中国驻老挝大使馆领事保护应急联系电话：+856-21-315105

· 中国驻琅勃拉邦总领事馆领事保护应急联系电话：00856-71-212989

· 外交部全球领事保护与服务应急呼叫中心电话：+86-10-12308，+86-10-59913991

Chapter 4

第四章

老挝有关法律规定

一、老挝法律体系概述

老挝的法律框架以法国的法律体系为基础，并结合本国传统法律实践和社会主义制度。同时，老挝重视将习惯法吸收到现有法律体系中。

老挝法律体系主要分为一般法和特别法。一般法包括宪法、法律、政府法规等用于管理国家、社会、经济并在全国范围或在某一特定区域内但不针对特别主体而施行的法律。特别法则适用特殊主体管理工作的法律，如关于表彰、任命等政令、规定、决定，以及通知、通告、告示等。老挝作为大陆法系国家，采用成文法体例，所有法律文本均使用成文形式向社会颁布实施。

自 1975 年老挝人民民主共和国成立以来，老挝人民革命党开始探索具有老挝特色的社会主义民主法治建设道路。1991 年 8 月，老挝颁布实施首部宪法，并分别于 2003 年和 2015 年进行修改。近年来，老挝法律体系建设进程逐步加快，2016 年至 2021 年制定或修改了 90 余部法律。截至 2022 年 6 月，老挝国会官网上正式公布的法律有 167 部，包括分别于 2017 年和 2019 年颁布实施的《刑法典》和《民法典》。目前，老挝已颁布实施的法律法规已构成相对完善的体系，涉及政治、经济、文化、社会、外交、国防、治安、环保等各个领域。

在地方性法规方面，尽管因经济社会发展水平差异及区位因素影响，各省市的法律体系建设水平存在不平衡的情况，但总体来说，基本能够满足本地依法行政的需要。

点评：

2013 年老挝《立法法》规定，所有法律都可在老挝官方公报网站（laoofficialgazette. gov. la）在线查阅，法律草案也可通过官方公报网站征求公众意见。

二、在老挝投资注册企业需要办理的手续

（一）设立企业的形式

老挝现行《企业法》于2013年12月26日由老挝国会通过，2014年1月28日，老挝国家主席发布主席令公布施行。根据老挝《企业法》的规定，老挝的企业包括个人独资企业、合伙企业和公司三种。

个人独资企业指的是个人拥有全部所有权，以个人名义开展经营并无限承担企业一切债务的企业形式。

合伙企业指的是两个或两个以上个人在协议的基础上共同出资、共同经营、共负盈亏的企业形式，包括普通合伙企业和有限合伙企业。普通合伙企业指的是合伙人以相互信任为基础共同经营并无限共同承担债务的企业形式；有限合伙企业指的是对债务负有限责任，即“债务有限合伙”的企业形式。

公司指的是以资金入股，各股价值相同，股东按照入股比率来承担公司债务的企业形式。公司分为有限公司（含一人有限公司）和公众公司两种。有限公司指的是两个或两个以上但不超过30个股东持股的公司形式。只有一个人持股的有限公司叫“一人有限公司”。公众公司指的是由至少9个股东成立并可以自由转让股份和对外公开销售股份的公司形式。

个人独资企业的注册资本是企业所有人向登记机关申报登记的资本。合伙企业的注册资本为根据现金、实物或劳务分类的公示资本或

股份价值总额。公司的注册资本为列明价值、股份数额及种类、现金、普通股或优先股的股份价值总额。该注册资本亦称为合伙企业或公司的“规定资本”。注册资本必须如实申报。违反规定的，违反者应当依法承担虚假陈述的法律责任。

除企业外，外国投资者还可在老挝境内设立代表处和分公司。代表处不具有独立法人资格，仅可开展市场调研、参加展览、接洽客户等工作，不能以代表处名义销售货物/服务以及参与制造、加工和建筑活动。分公司不具有独立法人资格，除可从事与代表处相同的活动外，还可以销售货物/服务，参与制造、加工和建筑活动。

（二）注册企业的受理机构

根据老挝的投资清单管理及投资类型，外国投资者在老挝的投资活动可分为一般投资和特许投资，其中一般投资又分为受控清单外的一般投资和受控清单下的一般投资。

对于受控清单外的一般投资活动，外国投资者在设立企业时需向老挝工业与贸易部（或省/直辖市工业与贸易厅）下设的企业登记管理办公室（erm. gov. la）申请注册。一般情况下，注册资金较大的企业必须在中央办公室登记，省级办公室负责一般企业注册，市级办事处负责个人独资企业注册。

对于拟开展受控清单下的投资活动和特许投资活动的外国投资者，则还需向老挝计划与投资部门下的中央或省级“一站式”服务办公室提交投资申请，领取投资许可证。

（三）注册企业主要程序

1. 受控清单外的一般投资活动

第 1 步：企业登记证书（营业执照）。企业登记证书是投资者依法在老挝进行投资经营相关业务的凭证。企业登记证书包含投资许可、投资优惠政策和税务编号等内容。投资者拟在受控和特许清单以外的经营活动中登记，应当向工业与贸易部门企业登记处提出申请，由企业登记处所在地的中央和地方两级按照职责分配审批企业登记证。企业登记证书申请资料：

（1）依据老挝《企业法》第26条和第27条检查企业名称；

（2）注册申请表：包括注册资本和股份、经营范围、办公地址和联系电话；

（3）公司合资合同或股东协议；

（4）公司章程；

（5）财务状况证明；

（6）房屋或办公室租赁合同；

（7）投资人简历和两个专家工作人员的简历（含有工作经验）；

（8）法定代表人证明文件（护照和身份证）；

（9）法定代表人6张3个月内拍摄的尺寸为3cm×4cm蓝底或白底证件照；

（10）股东给拟设立公司的法定代表人的授权书。

投资者自提交完整申请之日起10个工作日内，收到企业登记证书和纳税人识别号。纳税人识别号在向国家纳税时以及公司发票、税费结算证明、报关单、会计文件、货物、商品和产品运输等正式文件中使用。

第2步：公司印章。投资者出示企业登记证书，向公安部门申请刻制公司印章。投资者将不迟于5个工作日收到公司印章和使用公司印章的批准。

第3步：社会保险登记。投资者向劳动与社会福利部门申请社会保险登记。投资者将在 2 个工作日内领取《社会保险登记证》。

完成上述 3 个步骤后：

（1）对于不需要申请《行业经营许可证》的经营活动，投资者可以按照企业登记证书许可的经营范围立即经营。

（2）对于需要申请《行业经营许可证》的经营活动，投资者应当按照有关法律、法规的规定申请《行业经营许可证》。

2. 受控清单下的一般投资活动

受控清单下的投资活动应向计划与投资部门提交申请，投资者将在提交完成申请之日起 25 个工作日内领取投资许可证。投资者（个人或法人实体）根据 2019 年 1 月 10 日颁布的政府第 03/PM 号法令《关于批准老挝人民民主共和国受控和特许经营活动清单》附录（a）中规定的审批划分，向中央或省级“一站式”服务办公室（OSS）提交投资申请，程序如下：

（1）向 OSS 提交申请。

（2）OSS 发送征求相关部门意见的请求（2 个工作日内）。

（3）有关部门审议请求并征求意见（8 个工作日内）。

（4）OSS 报投资促进管理委员会审批（10 个工作日内）。

（5）颁发投资许可证（5 个工作日内），如果遭到拒绝将在 3 个工作日内通知投资者。

（6）取得投资许可证后按照上述受控清单以外的一般投资流程完成相关步骤。境内外个人或法人根据老挝《企业法》如已取得企业登记证书，申请投资许可证或新增控制清单列明的投资，可直接向上述“一站式”服务单位提交申请。

投资许可证申请资料：

（1）填写《投资申请表（受控行业）》；

（2）经法定代表人或总经理签署确认的关于拟定项目开发的简要建议；

（3）投资人的背景和经验、投资人的企业登记证书或商业登记；

（4）拟设立公司的股东协议；

（5）申请办理人并非本公司最高职位的授权委托书；

（6）项目位置/项目现场地图；

（7）工程技术资料；

（8）项目初步收集资料（如有）；

（9）金融机构或银行的金融支持文件（如有）；

（10）其他相关文件。

3. 特许权清单下的投资活动

特许权清单下的投资活动应向计划与投资部门提交申请，以符合《投资促进法》规定。

投资者将在提交完成申请之日起 65 个工作日内领取投资许可证。投资者根据《关于批准老挝人民民主共和国受控和特许经营活动清单》附录（a）中规定的审批划分，向中央或省级 OSS 提交投资申请。程序如下：

（1）向 OSS 提交申请。

（2）OSS 发送征求相关部门意见的请求（2 个工作日内）。

（3）有关部门审议请求并征求意见（30 个工作日内）。

（4）OSS 报投资促进管理委员会（30 个工作日内）进一步审议，如果遭到拒绝，将在 3 个工作日内通知投资者。

（5）在同意投资的情况下，“一站式”服务部门须在 3 个工作日内以文字形式通知投资者。自收到通知后，在 10 个工作日内投资者须以文字形式就《谅解备忘录》或协议研讨会议召开的确切日期予以答复；自投资“一站式”服务部门发出通知之日起30个工作日内，投资者无任何回复或者不参与《谅解备忘录》合同研讨会议，则认为投资人放弃投资权。

地方相关部门参与召开《谅解备忘录》或协议研讨会议，并向投资促进管理委员会报告并作审批，以便与投资人签订《谅解备忘录》或协议。在签订《谅解备忘录》或协议后，投资者须按《谅解备忘录》或协议的规定支付保证金并按规定进行资料收集，完成《可行性报告》和《社会环境评估》。

（6）签署特许协议后3个工作日内颁发投资许可证。

点评：

为规范中资企业到老挝投资的行为，营造公平、有序的竞争环境，提高中资企业投资效益，根据商务部2004年第16号令和商务部、外交部联合发布的〔2004〕668号文件精神，在老挝开办企业应注意：

（1）须事先征求驻老使馆经商处的意见，对国内企业境外投资涉及下列情形的不予核准：危害国家主权、安全和社会公共利益的，违反国家法律法规和政策的，可能导致中国政府违反所缔结的国际协定的，涉及我国禁止出口的技术和货物的，违反老挝的法律法规或与当地风俗相悖的，从事跨国犯罪活动的。

（2）驻老挝使馆经商处受理和回复下列征求意见函：地方企业须由省级商务主管部门发出的征求意见函、中央企业可直接发出征求意见函、尚未与主管部门脱钩的企业由其主管部门发出的征求意见函、商务部（合作司）在必要时发出的征求意见函。驻老使馆经商处自收到符合规定的征求意见函起原则上5个工作日内予以书面回复。如征求意见函涉及可能影响双边关系的重大境外投资，经商处须报请驻老使馆后再行回复。

（3）驻老使馆经商处在接待企业或公司人员来访时，主要从老挝投资环境、政策法规、安全状况、与我国的政治经济关系、我境外投资导向政策、合理布局和企业合法权益保障等方面提出意见和建议，投资项目由企业自行决定。

（4）中国企业到老挝投资开办企业在经济上、技术上是否可行，由企业自行负责。驻老挝使馆经商处支持和鼓励有比较优势的各种所有制企业赴老挝投资开办企业。

（5）拟在老挝从事矿产资源勘查、勘探、开采、加工等经济活动的，需在准备阶段向商务部和自然资源部办理备案手续。在向老挝矿产资源部门提出项目申请前，须征求中国驻老使馆经商处的意见。在经商处回复征求意见时，有关企业或公司须出具《境外矿产资源开发项目备案回执》、发改委有关批文及企业相应行业资信证明材料。经商处将根据老挝投资主管部门的要求及时提供有关资质证明。

（6）经批准开办的境外企业在老挝注册后，应将注册文件报商务部备案，并到驻老使馆经商处报到登记。

（7）若出现两家或多家中国公司同时申报同一个项目（特别是申报矿点），以到经商处报到登记的时间为准，驻老使馆经商处将支持到经商处报到登记早的企业或公司，并视情况给予必要协商和协调。

（8）到老挝投资开办企业，须严格遵守老挝的法律法规，尊重老挝的风俗习惯，依法开展经营活动；严禁擅自接触老挝政府高级官员，对外随意承诺，以免造成“倒压”给国内主管部门和使馆工作带来被动。有关公司不得从事非法中介炒作项目的活动，不得有诈骗行为，以免有损中国企业的形象。

三、老挝对外国投资的市场准入

（一）投资主管部门

老挝主管外商投资的部门是老挝投资促进监督委员会，由老挝国家总理担任主席，计划与投资部部长和工业与贸易部部长共同担任副主席。主要负责审批外国投资项目，审查合作经营、合资企业和独资企业的合同，处理外国投资者要求解决的问题等。

老挝计划与投资部作为政府的执行部门，主要负责制定中央和地方政府的投资规划，促进和管理国内外投资。计划与投资部下设投资促进局，其前身为国内外投资促进和管理司，主要负责制定投资激励措施，提高老挝对外资的吸引力，收集投资数据和监督投资行为。

（二）投资行业的规定

除危及国家稳定，严重影响环境、人民身体健康和民族文化的行业和领域外，老挝政府鼓励外国公司及个人对各行业各领域投资并出台了《老挝鼓励外国投资法》。老挝于 2009 年颁布《投资促进法》，2011 年 4 月颁布了《投资促进法实施条例》，对《投资促进法》部分条款作出了进一步的规定。老挝时任国家主席本扬 · 沃拉吉在 2016 年 11 月的国民议会上颁布了新修订的《投资促进法》。修改后的法案共有 12 部分，109 个条款。新的法规旨在为投资者扩大特许权范围，最大限度刺激老挝的投资效益。

《投资促进法》对禁止外国投资者投资的行业、政府专控的行业和仅允许老挝公民从事的行业作了规定。

1. **禁止投资的行业**

各种武器的生产和销售，各种毒品的种植、加工及销售，兴奋剂的生产及销售（由卫生部专门规定），生产及销售腐蚀、破坏良好民族风俗习惯的文化用品，生产及销售对人类和环境有危害的化学品和工业废料，色情服务，为外国人提供导游。

2. **政府专控的行业**

石油、能源、自来水、邮电和交通、原木及木材制品、矿藏及矿产、化学品、粮食、药品、食用酒、烟草、建材、交通工具、文化制品、贵重金属和教育。

3. **专为老挝公民保留的职业**

（1）工业手工业部门：制陶，金、银、铜及其制品的打制，手工织布和编纺刺绣，工厂的织布、缝纫工作，竹篾、藤凉席的制作，佛像、木雕制作，玩具的制作，棉或木棉服装和被褥的制作，铁匠，电焊工。

（2）金融部门：金、银、铜及其有价物品的销售。

（3）商业部门：流动和固定零售、成品油零售。

（4）财政部门：财务监督或提供财务服务工作。

（5）教育部门：为外国人教授老挝语。

（6）文化部门：老挝传统乐器制作、手工字母排版、各种广告牌的设计和制作、各种场所的装修。

（7）旅游部门：导游和导游的分配。

（8）交通、运输、邮电和建设部门：各种运输车辆的驾驶，建筑行业的各种载重车（推土机、自卸车等）的驾驶，铲土机、平地机、打夯机、挖土机的操作，各种信件、报纸、文件的发送，密码工作，汽车美容。

（9）劳动和社会服务部门：普通工人、清洁工、保安，为外国人提供家政服务，美容、烫发和理发，文书和秘书工作。

（10）食品部门：米线制品的生产。

（三）投资方式的规定

根据老挝《投资促进法》第二十六条的规定，投资包括以下形式：国内或国外独资、国内外合资、合同联营、国有企业和私人企业的合资、公私合伙。中央政府可以根据相关法律规定，视情况持有任何特许经营权投资的股份。

1. 国内或国外独资

国内或国外投资人单方面的投资，即单个或多个投资人对老挝某一行业或者某一项目的投资。

2. 国内外合资

国内和国外投资人在老挝法律规定下开展经营，拥有共同产权和成立新法人的共同投资。共同投资人的组织结构、行为活动、行政管理、权利和义务已在合资合同和上述新成立法人的章程中作出规定。对于以上述形式进行投资的外国投资人，其出资额至少不低于投资总额的10%。

3. 合同联营

老挝国内法人和外国法人，包括政府和私人，在符合老挝法律法规的基础上，根据签订的合同规定，在某一确定的时期内联合经营某一项业务，无须在老挝再成立新的法人或分公司。双方之间的合同须清楚地规定合同各方及政府的权利、义务和利益。签订联营合同的国内法人必须向“一站式”服务部门申报，按规定进行管理，另外需要到所属地进行公证。

4. **国企与私企联营**

国企与私企之间为了经营业务进行共同投资，有共同的所有权，并在符合老挝法律的规定下成立新的法人。国企与私企之间共同投资企业的组织结构、行为活动、行政管理、权利和义务需在合资合同和新成立法人的章程中作出规定。

5. **政府部门与私人单位联合投资**

政府和私人单位根据合资合同的约定共同投资，以组织实施新的项目建设，完善基础设施或提供公共服务。政府部门与私人单位联合投资形式的投资条件和程序、行业部门，在其他法律法规中有具体规定。根据相关法律规定，政府可以持有特许项目的股份。

（1）股权比例规定。对于外商独资企业的股权比例方面，不涉及外方与老挝方相互的比例问题；对于合资企业，则涉及持股比例问题。2009 年老挝《投资促进法》将外商持股的最低比例由 30%改为 10%，2016 年老挝《投资促进法》沿用了 2009 年的进行修订，要求外方的比例不低于资本总额的 10%。对于合资企业，老挝除了统一规定外资不低于 10%外，其他行业性法律和政策还对一些行业规定了外资持股比例的上限，而且大多为 49%。这是为了配合老挝《企业法》要求的公司一般事项的表决必须经持股一半以上的股东表决通过，如果外资股份不超过 49%，就可以保证老挝股东方的优势表决权。除了 10%的下限和通常为 49%的上限这两个比例要求外，老挝立法还存在第三个比例要求，即对特许类行业，注册资本不低于总投资的 30%。另外，老挝早期的立法还规定外商投资不低于 10 亿基普，老挝工业与贸易部于 2017 年 11 月 7 日颁布了第 2633 号通知，明确取消外国投资者的最低注册资本要求，以落实 2016 年老挝《投资促进法》的修订。但是对于一些稳定行业（如保险公司、私立医院等）的投资还存在最低注册资本的要求。

（2）BOT 方式。老挝开展 BOT（建设-运营-移交）的行业主要有水电、矿产、地产等，特许经营年限水电行业一般为 25 年，矿产业为 30 年。在老挝开展 BOT 的外资企业主要来自中国、越南、泰国。中资企业在老挝建成的以 BOT 形式开发的水电站有南立 1-2 水电站（装机 10 万千瓦）和南俄 5 水电站（装机 12 万千瓦），由中国电建投资建设的南欧江一期水电站项目已于 2016 年底投入商业运营，这是中资企业第一个全干流开发的水电站项目。

四、老挝对外国投资的优惠

（一）优惠政策框架

老挝对外国投资给予税收、制度、措施、提供信息服务及便利方面的优惠政策。根据老挝《投资促进法》的规定，老挝投资促进制度包括促进政策和支持政策，鼓励和引导外国投资者在特定行业、领域、地区投资，并可以依照法律法规规定给予优惠，依法依规鼓励和引导外商投资，根据需要设立特殊经济地区，促进外商投资，扩大对外开放。计划与投资部会同地方政府和其他中央部委共同制定鼓励投资行业及地区，报中央政府批准。鼓励投资的行业及地区可以根据不同时期不同情况加以修改。

根据《投资促进法》，老挝的外资优惠政策主要包括行业优惠政策、三类地区优惠政策和进出口优惠政策三种。

点评：

老挝政府公布的外商投资优惠政策对不同行业、不同地区、不同贡献的企业有不同的标准，要全面、客观了解优惠政策申报条件、时限等，做好科研调查，规避法律政策风险。进入经济特区、工业园区的投资企业，虽然可享受保税、免税的政策，但企业要自行解决三通一平等基础设施的建设投入，需要统筹评估利弊关系。

（二）行业优惠政策

老挝《投资促进法》规定了 9 种可享受优惠政策的行业（鼓励类行业）。外商在投资这些行业时，如投资额超过 12 亿基普，或雇佣至少 30 名老挝技术人员，或雇佣至少 50 名老挝工人且合同期不少于 1 年，即可享受相关优惠政策。具体优惠政策实施由政府相关部门依企业实际情况确定。可享受优惠政策的行业如下：

（1）高新技术应用、科学研究、研发创新、环保技术应用及自然资源和能源的高效利用；

（2）清洁无公害的农业、种子生产、动物养殖、工业种植、林业开发、保护环境和生物多样性、促进农村发展和减贫活动；

（3）绿色环保的农产品加工业、民族传统独特的手工艺品加工业；

（4）环保及可持续发展的自然、文化及历史旅游产业；

（5）教育，体育，人力资源开发和劳动技能开发，职业培训机构或中心，教育、体育器材生产；

（6）建设现代化医院、医药医疗设备厂，传统医药生产和治疗；

（7）减少城市交通拥堵和改善居住环境的公共基础设施投资、推动农业和工业生产的基础设施建设、货物运输服务、过境服务和国际联系；

（8）政策性银行和小额贷款机构，注重为难以获得银行援助的人民和社区减轻贫困；

（9）推广国内产品和世界知名品牌的现代商业中心，国内工业、手工艺品和农产品展览中心。

（三）地区优惠政策

根据经济发展和基础设施优劣程度，老挝政府将全国分为三类地区并分别制定差异化的投资优惠政策。第一类地区指社会经济基础设施不利于投资的贫穷和边远地区，第二类地区指具有有利于投资的社会经济基础设施的地区，第三类地区指经济特区。三类地区划分并非固定，老挝政府定期视情况对地区进行重新分类。

在三类地区投资均可享受利润税优惠政策，并免除租赁费用和特许权费用，享受优惠的程度不同。若在这些地区投资鼓励类行业，还可享受额外的利润税免征。具体优惠政策如下：

第一类地区的投资项目：可享受利润税 10 年豁免，对同时属于前述鼓励类行业领域中（2）、（3）、（5）和（6）项行业投资的项目另加 5 年豁免。按照老挝《所得税法》中利润税率降低的规定，（2）和（3）项行业投资的项目利润税豁免到期后的利润税率为 7%，（5）和（6）项行业投资的项目利润税豁免到期后的利润税率为 5%。

第二类地区的投资项目：可享受利润税 4 年豁免，对同时属于前述鼓励类行业领域中（2）、（3）、（5）和（6）项行业投资的项目另加 3 年豁免。按照老挝《所得税法》中利润税率降低的规定，（2）和（3）项行业投资的项目利润税豁免到期后的利润税率为 7%，（5）和（6）项行业投资的项目利润税豁免到期后的利润税率为 5%。上述豁免期限从投资项目开始产生营业收入之日计算。上述豁免期限届满后，企业应按税法规定纳税。

第三类地区的投资项目：根据2018年颁布的《经济特区发展政策法》，老挝政府对投资经济特区基础设施建设的开发商以及投资经济特区项目的企业给予税收及其他方面的政策优惠。

在经济特区内从事道路施工、供水供电、排水设施建设的开发商可获得增值税豁免，其他施工活动可享受50%的增值税减免。企业在经济特区投资鼓励类行业，除免征利润税和免收租赁费用和特许权费用外，还可免征2年增值税。产品100%出口的企业可减免增值税，水费、电费减半。

此外，老挝的各经济特区和经济专区也结合自身发展需要推出一系列税收、租赁费用等方面的优惠政策。例如，沙湾-色诺经济特区规定，服务业企业可免营业所得税2~10年，贸易型企业可免营业所得税2~5年，工业企业可免营业所得税5~10年。

点评：

2010年颁布的《老挝人民民主共和国经济特区和经济专区总理政令》（总理府第443号）明确指出，经济特区是由政府在全国范围内划定的，面积大于1000公顷以上的新型经济开发区，拥有特殊优惠政策以及自主的经济和财政体系。为吸引投资，加快经济发展，老挝政府还设立了工业区、出口生产区、旅游城市区、保税区、高科技信息发展园、边境经济区等经济专区。

截至2022年，老挝政府批准设立了12个经济特区，即：沙湾-色诺经济特区、金三角经济特区、磨憨-磨丁跨境经济合作区、万象嫩通工业贸易园、赛色塔综合开发区、东坡西专业经济区、万象隆天专业经济区、普乔专业经济区、塔銮湖专业经济区、他曲专业经济区、占巴塞经济专区和琅勃拉邦经济专区。

（四）进出口优惠政策

老挝对以下进出口产品给予关税和增值税减免等优惠政策：

（1）进口用于在老挝国内销售的原材料、半成品和成品可减征或免征进口关税、消费税和营业税。即进口经有关部门证明并批准的原材料可免征进口关税和营业税；进口老挝国内有但数量不足的半成品，5 年内可按最高正常税率减半征收进口关税和营业税；进口经有关部门证明并批准的老挝国内有但数量不足或质量不达标的配件，可按照东盟统一关税目录中的税率征收配件关税及消费税。

（2）进口的原材料、半成品和成品在加工后销往国外的，可免征进口和出口关税、消费税和营业税。

（3）经老挝计划与投资部批准进口的设备、机器配件可免征进口关税、消费税和营业税。

（4）经老挝计划与投资部或相关部门批准进口的老挝国内没有或有但不达标的固定资产可免征第一次进口关税、消费税和营业税。

（5）经老挝计划与投资部或相关部门批准进口的车辆（如载重车、推土机、货车、35 座以上客车及某些专业车辆等）可免征进口关税、消费税和营业税。

五、老挝关于贸易的法律规定

（一）贸易主管部门

老挝贸易主管部门为老挝工业与贸易部（下设省市工业与贸易厅、县工业与贸易办公室），主要职责是制定、实施有关法律法规，发展与各国、地区及世界的经济贸易联系与合作，管理进出口、边贸及过境贸易，管理市场、商品及价格，对商会或经济咨询机构进行指导以及管理企业与产品原产地证明等。

（二）贸易相关法律法规

老挝与贸易相关的主要法律有《投资促进管理法》《关税法》《企业法》《进出口管理令》和《进口关税统一与税率制度商品目录条例》等。

（三）贸易管理的相关规定

老挝所有经济实体享有经营对外经济贸易的同等权利，除少数商品受禁止和许可证限制外，其余商品均可进出口。

禁止进口商品：枪支、弹药、战争用武器及车辆，鸦片、大麻，危险性杀虫剂，不良性游戏，淫秽刊物等 5 类。

禁止出口商品：枪支、弹药、战争用武器及车辆，鸦片、大麻，法律禁止出口的动物及其制品，原木、锯材、自然林出产的沉香木，自然采摘的石斛花和龙血树，藤条，硝石，古董，佛像、古代圣物等 9 类。

进口许可证管理商品：活动物、鱼、水生物，食用肉及其制品，奶制品，稻谷、大米，食用粮食、蔬菜及其制品，饮料、酒、醋，养殖饲料，水泥及其制品，燃油，天然气，损害臭氧层化学物品及其制品，生物化学制品，药品及医疗器械，化肥，部分化妆品，杀虫剂、毒鼠药、细菌，锯材，原木及树苗，书籍、课本，未加工宝石，银块、金条，钢材，车辆及其配件（自行车及手扶犁田机除外），游戏机，爆炸物等 25 类。

出口许可证管理商品：活动物、鱼、水生物，稻谷、大米，虫胶、树脂、林产品，矿产品，木材及其制品，未加工宝石，金条、银块等

7类。

进出口许可证申请流程如下：

（1）草拟许可证申请，并准备相关文件，例如公司注册证书、税务证书、年度进口计划书、发货单等。

（2）取得相关政府部门同意，具体程序视商品种类而定（例如进口植物相关的产品须取得农林部同意，出口金条须获得外汇管理部门同意）。

（3）向进出口局提交申请，并附上证明文件，以及相关政府部门的同意证明，并缴纳进出口许可证费用10000基普。

（4）进出口局核实相关信息，决定是否发出许可证。

点评：

针对不同种类商品，有特殊要求的，可参阅进出口局下属的老挝贸易资讯官方网站（laotradeportal. gov. la）。

（四）进出口商品检验检疫

老挝要求各类动植物产品的进口须经过农林部的检疫，进口产品的特征及进口商的相关信息须经过海关部门的检查。

对于活动物、鲜冻肉及肉罐头等进口商，需向农林部动物检疫司申请动物检疫许可证，在相关产品入境时接受驻口岸的动物检疫员查验原产国签发的动物检疫证和老挝农林部签发的检疫许可证。

对于进口植物产品的贸易商，需经过农林部的植物检疫，在老挝的边境口岸接受驻口岸检查员检查，并出示产品原产国有关机构签发的植物检疫证。

（五）海关管理规章制度

老挝政府于1994年12月颁布实施《统一制度和进口关税商品目

录条令》，2001 年 10 月颁布实施《商品进出口管理法令》，2005 年 5 月颁布实施《关税法》等法律法规，对海关管理作了系列规定。其中《关税法》对进出口商品限制、禁止种类、报关、纳税、仓储、提货、出关、关税文件管理及报关复核等作了相关规定。

1. 关税税率

老挝关税分自主关税、协定关税、优惠关税、减让关税和零关税等 5 种不同的税率。根据中国-东盟自由贸易协定（ACFTA）拟定的计划，由中国出口货物到老挝，大部分的货物老挝进口关税为 0%。老挝鼓励出口货物到中国和其他国家，仅对 40 种货物出口征收出口关税。

2. 报关流程

货物进入仓库→过磅→做仓库临时报关单→打货物临时报关单→报海关审核→报海关领导签字→打税单上税→海关检验货物→付仓库费→海关做记录、进关。

3. 报关所需材料

老挝计划与投资部批文、企业投资许可证、企业申请报告、企业营业执照（复印件）、企业税务登记（复印件）和货物老文清单（含数量、价格、重量、规格等）。

六、老挝关于劳动就业的法律规定

（一）劳动就业主管部门及主要法律

老挝劳动与社会福利部是劳工雇佣主管部门。老挝涉及劳动雇佣保障权益的法律主要是《劳动法》（2013 年修订），其对签订及解除劳动合同、工作时间、工资、假期福利和社会保障等作出了详细规定。

（二）劳动法的核心内容

1. 劳动合同

（1）签订合同。劳动合同一般以书面合同为主，计日和量小的工作可为口头合同。劳动合同必须规定工作地点、工作内容、工资标准和其他相关福利。劳动合同可分为固定期限合同和无固定期限合同。固定期限劳动合同的期限一般不超过 3 年，超过 3 年的视为无固定期限合同。雇佣双方必须在固定期限合同期满后 60 天内确认是否续签新合同。

（2）解除合同。用人单位在解除劳动合同时，须至少提前 30 天告知体力劳动者、至少提前 45 天告知专业技术劳动者。对于固定期限合同，雇佣双方可在协商一致的情况下提前解除合同。

以下情况用人单位可提出解除劳动合同，并以书面形式告知雇员，解释相关原因，向员工支付月度剩余工资和其他相关福利：

· 员工缺乏必要专业技能，或有医学证明身体状况不佳，经过培训或调整工作岗位，仍不能胜任工作；

· 用人单位与工会、员工代表和大部分员工协商一致，认为需减少员工数量，并已向劳动与社会福利部报备。

以下情况员工可提出解除劳动合同，以书面形式提前通知用人单位，并有权获得月度剩余工资和相关福利：

· 员工患病或非因工负伤，在规定医疗期满后不能从事原工作，也不能从事用人单位另行安排的工作；

· 员工就劳动合同向用人单位提出异议，但未得到解决；

· 由工会或员工代表书面证明工作场所变更致使员工无法履行其

职责；

· 员工在用人单位遭到骚扰或性骚扰，或用人单位无视工作场所发生的性侵害行为。

点评：

对于无正当理由或无过错解雇的员工，用人单位应支付遣散费。遣散费数额相当于雇员最后一个月工资的10%乘以为雇主工作的月数。

2. 工作时间

（1）普通工作。每周最多工作6天，每天工作不得超过8小时，或每周工作不得超过48小时；无工资或劳动报酬等级之分；午餐时间不得低于60分钟且不计入当天工作时间。

（2）特殊工作。主要包括辐射性或疾病传染性工作、接触有毒烟雾或气味和危险化学物品的工作、在地下或隧道或水底或高空的作业、高温和极寒场所工作、用冲击震动工具长期工作等，可根据特殊需要规定特定工作时间，但需协商达成一致并得到劳动管理部门同意后方可实施，每天工作不能超过6小时或每周工作不超过36小时。

3. 加班和夜班

（1）加班。用人单位在征得工会或劳工代表及本人同意后可要求工人加班，加班时间每月不超过45小时或每天不超过3小时，非紧急情况下（如灾害或对用人单位造成巨大损失等）禁止连续加班。每次加班前，用人单位需提前告知工人，解释加班的必要性，并按照劳动法规定发放加班费。

（2）夜班。夜班工作时间为22点至第二天早上6点。夜班工作的员工有权在新的工作日前休息至少11个小时。

4. 休假

（1）周末休息。员工有权每周休息 1 天或每月休息 4 天，时间可协商确定，可以是周日或雇佣双方商定的某一天。

（2）法定假日。员工有权在以下假日里带薪休假：国庆节，休息 1 天（公历 12 月 2 日）；国际元旦，休息 1 天（公历 1 月 1 日）；国际妇女节，女性员工休息 1 天（公历 3 月 8 日）；老挝新年，休息 3 天（公历 4 月 13—15 日）；国际劳动节，休息 1 天（公历 5 月 1 日）；老挝教师节，教师、教育管理者休息 1 天（公历 10 月 7 日）；外国员工可在本国国庆日休息 1 天；若法定假日当天刚好是周末休息日，则须进行补假或倒休。

（3）病假。在出具医院证明情况下，员工有权申请病假，但每年不得超过 30 天，病假期间有权获得正常工资。

（4）年假。工作满 1 年及以上的员工，可以申请休 15 天年假；从事重体力劳动或有害身体健康的员工，可以申请休 18 天年假，休假期间有权获得正常工资。

年假时间不能将每周休息日、法定休息日计算在内。

点评：

老挝当地大部分员工在假期安排、佛教信仰方面有特殊需求，不愿意加班赶工。因此，中国企业在老挝投资要根据劳动法规定，结合工期安排等，提前合理配置劳动资源。

5. 薪资

从 2022 年 8 月 1 日起，老挝政府将每月最低工资标准从 110 万基普提高到 120 万基普，并将在 2023 年 5 月 1 日起进一步提高到 130 万基普。此规定适用于所有在该国设立的企业。

点评：

最低工资指用人单位应支付给每天工作8小时、每周工作6天、每月工作26天的雇员的基本工资，不包括其他支付（例如，加班费、奖金、奖励和福利等）。用人单位可以使用现金或物料进行支付。

加班费分两种情况：正常工作日加班的，白天（17：00—22：00）以日常工资的150%计算，晚上（22：00—次日6：00）以200%计算；法定节假日、公休日加班的，6：00—16：00以日常工资的250%计算，16：00—22：00以日常工资的300%计算，16：00—22：00以350%计算。

除以上加班费以外，所有夜班工作还需额外支付日常工资15%的补贴。

6. 女性员工权益

女员工有权在分娩前或分娩后至少休假105天，且分娩后休假不得低于42天，分娩双胞胎的女员工可至少休假120天。女员工分娩前后的休假期间，用人单位需正常发放工资或报酬。女员工分娩后的一年内，有权每天休息1小时给孩子哺乳、照料孩子并按规定给孩子注射疫苗。流产的女员工可根据医生规定休假，且休假期间正常发放工资。

怀孕和育婴期不满1年的女员工不得从事以下工作：在高于2米的场地工作、装卸重量超过10千克的物体、夜班工作、加班或节假日工作、连续站立超过2小时的工作、工作目录中规定为危险的工作。怀孕和育婴期不满1年的女员工如之前从事以上工作，用人单位需临时为其调整合适的岗位，但工资或报酬不变。

用人单位不得对女员工有以下行为：入职前检查女员工是否怀孕，

有意避免录用或拒绝已婚、怀孕的女员工入职，有意解除已婚、怀孕的女员工的工作合同。

7. 社会保险

用人单位和员工必须参加社会保险，并向国家社会保障基金缴纳社会保险费，并按照规定领取各种社会保障福利。

未缴纳或已缴纳社会保险费但未享有福利的，用人单位必须依法负责。

（三）劳动力供求

老挝劳动力技能总体偏低，优质劳动力不足，尤其是技术劳动力严重不足，原因之一是老挝工薪偏低导致每年约有几万熟练劳工流入泰国打工。外国人赴老挝务工人员中，中国、越南和泰国居前三位。据中国商务部统计，截至 2019 年年底，中国在老挝各类劳务人员达 24974 人。

为保证本国公民就业需求，老挝政府对外籍劳工进入有严格规定。需要引进外籍劳务的单位和项目必须向老挝劳动与社会福利部申请引进外籍劳务指标。根据相关规定，外籍体力劳动者不能超过劳动者总人数的 15%，脑力劳动者不能超过 25%，规定工作期限为 2 年，可续期 2 年，最长不能超过 4 年。超过 4 年者不予批准工作证、居住证和工作签证，需间隔 2 年后才可再申请。

点评：

据老挝媒体报道，在 2022 年 12 月 9 日的第九届国会第四次常会中，劳动与社会福利部对失业率的检测数据为 18.5%。在各省和经济特区内仍需要大量的劳动力，但是缺乏劳动力供应。根据老挝驻泰国曼谷大使馆信息，有 152424 名老挝工人在泰国，包括因新冠疫情原因滞留的，也包括在限制措施取消后以游客或非法移民身份前往的。

目前老挝劳动力市场仍存在缺乏统一的就业技能培训、各时期的劳动力和市场需求不符、劳动力需求不够明确、技能培训资源不足等问题。对此，老挝政府设定了一些目标：2023 年设立关于就业的法律和 2024 年设立发展技能提升的法律；继续实行促进就业的国家战略，将农业、工业、服务业联合发展等，以改善就业环境，促进社会就业。

（四）劳动争议

劳动纠纷指用人单位与劳动者就劳动法规和其他法规的适用、劳动合同规定的工作条件发生分歧。在老挝发生劳动纠纷必须首先由劳动部门调解解决。如果双方未能达成协议，则由劳动部门出具调解书，任何一方可以将调解书提交人民法院劳动分庭提起诉讼。当事方还需提交不超过 20 万基普的保证金。法院将在 9 个月内作出裁决。支付费用后，剩余保证金将退回。

（五）外国人在当地工作的规定

2011 年 3 月 16 日老挝政府出台《关于外国人以经商和雇佣劳动方式来老挝谋生问题的处理方针和办法》，老挝政府决定本着符合党和国家外交路线、妥善保护公民和国家利益的方针，在保证安居乐业和社会秩序以及与来老挝谋生的他国公民友善的基础上，采取依照老挝有关法律和制度，逐步严格管理的办法，解决以经商和雇佣劳动方式来老挝谋生外国人的管理问题。

对已到老挝的外国人，凡具备符合老挝各项法规的文件，拥有不低于 10 亿基普的资金，有固定的批发、零售、加工店铺，或有种植、养殖场地等生产经营者，须向县级政府申请证明书，然后向工贸部门申请商业注册、向税务部门申请税务登记、向外交部申请签证、向劳动社会福利部门申请工作许可证，最后向公安部门申请居留许可证。同时，缴纳与老挝公民一样的税费。

外国劳务在老挝工作期限为两年，可延期两年，最长不得超过4年。4年期满停止办理工作、居留证延期及劳务签证。获准引进劳务的单位，未经劳动管理机关许可无权转移外国劳务供其他单位使用。劳务人员合同期满，用工单位须负责在15日内送劳务人员回国。外国劳务人员擅自离开劳务单位到其他地方打工或置业，该用工单位应对其提出警告，并报告省、县劳动和公安机关处罚、遣送回国。如用工单位不重视管理或与该劳务人员同谋，将受到严厉处罚。

外国劳务人员必须严格执行老挝的有关法律和规定。决不容许以提篮、挑担、自行车和摩托载货等方式流动兜售商品、收购废品、流动按摩、美容、美甲、称体重及其他不雅观、违法和无序的方式随意谋生。

点评：

聘用外籍员工申请程序如下：

（1）用人单位和个人向老挝劳动与社会福利部劳务司递交申请用工指标。申请材料包括：用工计划、投资许可证/特许经营权证、营业执照、项目合同、公司设立许可、聘用员工名单等；

（2）劳务司应当在2周内进行审批；

（3）获得批准后，用人单位须持相关材料（登记申请、引进批准书、护照、健康证、学历证或技能证明、简历、劳动合同、证件照等）到劳务司进行劳工登记；

（4）用人单位应向老挝公安部出入境管理局和外交部领事司

办理劳务用工签证。

七、老挝关于税收的法律规定

（一）税收管理机构及税收法律体系

老挝政府授权财政部作为具体实施监管权力的部门，在其他各相关部门以及地方政府相关部门的配合下，对全国的税务工作正常开展进行监管。

财政部下设税务总局，主要职能是管理税收，制订收支计划，检查、统计纳税情况，负责全国税款征收工作。税务总局下设 18 个省市税务厅和 145 个县级税务处，在其权限范围内管理本地税务工作。

老挝与外资直接相关的税收法律主要包括《投资促进法》《企业法》《税法》《税务管理法》《所得税法》《增值税法》《消费税法》等。

点评：

2020 年 6 月 29 日，老挝国家主席本扬签署并通过了税法修订版第 4 号文件决议，该文件对之前 2005 年、2012 年、2015 年、2018 年的《税法》进行了修订和补充。新《税法》在税收的种类以及税率方面，相较于旧的税收制度都作了较大的调整和变化，如增加了海关过境税、海关临时仓储税等，以及对税务机构内部工作人员的廉洁执法和违法行为作了新的要求。

（二）主要税赋和税率

目前老挝实行全国统一的税收制度，外国企业和个人与老挝本国的企业和个人同等纳税。老挝税制中将其税收分为直接税和间接税。

其中，直接税以个人、公司及其他组织为纳税人，包括任何取得的来源于老挝境内收入的外国公司或外籍个人，直接税主要是利润税、所得税、定额税、手续费和服务费、环境税五种。间接税主要是增值税和消费税两种。

1. **利润税**

利润税（相当于中国的企业所得税）向在国内外有利润收入的老挝生产经营者征收，包括从事生产经营的企业及各类组织。老挝生产经营者无论是否为老挝居民，只要在老挝从事经营活动，无论是长期的或暂时性的，都需缴纳利润税。适用税率如下：

（1）有法人资格的企业按20%的税率缴纳利润税。其中上市公司自在资本市场登记之日起4年内，可享受税率为13%的税收优惠政策，4年期满后，仍按照正常适用税率缴纳利润税。

（2）进口、生产和销售烟草产品的企业需按22%税率缴纳利润税，按照《烟草制品管理法》第46条的规定，其中额外缴纳的2%需付予烟草制品管理基金会。

（3）矿采企业需要按照35%税率缴纳利润税。

（4）对于从事与人力资源开发及管理业务相关的企业或机构，例如学校、培训中心和其他教育类机构，以及从事与现代医院、医药和医疗设备生产等有关商业活动的企业或机构，在其免税期结束后，应按照5%税率缴纳利润税。

（5）对于利用创新型技术、生态友好型技术，以可节约自然资源方式生产和以清洁能源进行生产的公司，在其免税期结束后，应按照7%税率缴纳利润税。

2. **所得税**

所得税针对个人征收。工资、劳务费、加班费、超时务工费、职务工资、职位工资、年度补贴、公司董事会或经理的会务费，以及其他货币或实物形式的个人收益，统一按照 0%~25%的累进税率计征所得税，具体税率见表 4-1。

表 4-1 个人所得税累进税率表

月薪（基普）	适用税率（%）
1300000（含）以下	0
1300000~5000000（含）	5
5000000~15000000（含）	10
15000000~25000000（含）	15
25000000~65000000（含）	20
65000000 以上	25

资料来源：国家税务总局《中国居民赴老挝投资税收指南》。

点评：

为消除双重征税，老挝与中国等国家签署了避免双重征税的双边条约，例如中国居民（在中国负有纳税义务的人，包括个人、公司和其他团体）从老挝取得的所得，按照中老双边协定规定在老挝缴纳的税额可以在对该居民征收的中国税收中抵免。但是，抵免额不应超过对该项所得按照中国税法和规章计算的中国税收数额。

3. **增值税**

增值税是指基于货物进口、在国内销售货物、提供服务过程中货物和服务的增值额而征收的，且最终由消费者承担的一种间接税。增值税对在老挝境内自生产、流通、销售、售后服务等各环节间提供商品和服务所产生的价值增长部分按比例进行计税。

增值税税率如下：

（1）老挝境内进口货物、国内销售货物及提供服务的税率为10%；

（2）向其他国家出口货物的税率为0%。

点评：

零税率应税项目不等同于免税项目，在适用增值税零税率的情况下，是可以抵扣增值税进项税额的，而适用免税项目的则不可以。

4. **消费税**

消费税是针对购买特定商品或特定类型服务的消费行为收取的间接税，是由在老挝购买国产及进口商品的消费者，以及使用老挝境内提供的服务的消费者承担，由产品或服务的经营者代为收取后上缴国家财政系统的税收。消费税税率根据商品种类及服务类型而有所不同。

点评：

近年来，因社会经济发展迅速，人民物质需求和精神需求都得到了大幅度的提升，外来事物及新兴行业不断涌现，老挝政府针对消费税税目及税率也在不断更新和修订。比如，老挝财政部于2018年1月11日发布了第169号文，该文修改了燃料、酒类或酒精类饮品、烟类商品及部分娱乐服务的消费税税率。该文将燃料的消费税税率修改为9%至39%，酒类或酒精类饮品的消费税税率修改为45%及50%两个档次，香烟的消费税税率根据不同种类修改为25%或45%，部分娱乐活动（舞厅、迪斯科舞厅以及卡拉OK）的消费税税率修改为20%。

5. **定额税**

定额税为直接税，是指应由未在税务机关进行增值税注册登记的中小规模生产经营的个人及法人（年营业收入不超过4亿基普）缴纳的一种直接税，即按照税务机关和纳税人之间所签订的《定额税合同》进行纳税。具体征收标准如下：

（1）年收入不超过5000万基普，将免除征收定额税；

（2）对于年收入超过5000万基普的中小企业及个体工商业的定额税税率统一根据制造业1%、商业2%、服务业3%的固定税率征收。

以定额税方式缴纳利润税的纳税人，如果有条件依照能反映实际经营状况的财务报表、按实际情况缴纳利润税的，可以向相关税务机关提出申请；税务工作人员将配合纳税人收集财务信息资料，以推动其准备并采取以实际利润申报纳税的方式，其准备、研究时限最低为一年。签订《定额税合同》的纳税人可在合同期结束前60天内申请转为申报实际利润税。

6. 环境税

环境税是指向在老挝境内被允许从事生产经营、进口贸易，或使用自然资源并对环境造成污染，对人、动物、植物的生命健康以及生态平衡造成损害的个人、法人和组织收取的一种直接税。

环境税的纳税义务人包括得到许可从事生产经营、进口贸易或使用自然资源，且对老挝自然环境造成污染、损害的所有老挝人、侨民、外国人、无国籍的自然人、法人单位和组织。环境税将用于处理、消除污染和残余物，维护自然环境，使社会生活保持优良状态。

7. 手续费和服务费

手续费是指向从事社会经济活动的个人、法人或者组织收取的政府服务管理费，是政府部门以出具证明和其他许可证等形式收取的直接税。

服务费是指政府部门收取的专业服务方面的费用，用于社会公益活动以及政府财政援助项目。

手续费和服务费税率，包括收、缴工作，按各个时期颁布的国家主席签发的《关于手续费及服务费条例》及有关的规定执行。

（三）报税相关手续

1. 税务登记

在老挝境内经营的企业需要向当地税务部门申请税务登记，以获取对应的税务登记证以及纳税人识别号。申请材料包括：营业执照、股东身份证及居住证明等材料复印件、企业地址及联系电话等补充信息材料。税务部门受理申请并向企业发放税务登记证的周期通常为3至5个工作日。

此外，年营业收入达到4亿基普的纳税人必须进行增值税登记。年营业收入未达到4亿基普的纳税人可选择进行增值税登记，若不进行增值税登记，需缴纳定额税。在老挝开展商业活动满9天的外国承包方需进行增值税登记。

纳税人需每年向其注册所在地的税务机关提交各类税款的纳税分期计划。税务机关在收到该计划后须将其与纳税人的实际信息进行比较分析，若发现该计划有不合理之处，税务机关须要求该纳税人重新计算。当计划修订完毕后，纳税人需根据法规要求将修订后的计划在制订下年度计划之前提交至纳税机关。

2. 纳税申报

企业按照规定直接到当地税务部门进行纳税申报并缴纳税款，需提供税务报表、发票、外国投资许可证、企业营业执照、企业经营许可证等相关材料。不同税种的纳税申报有一定的差异。

纳税人认为纳税有误的，有权自申报纳税之日起30日内向登记的税务机关提出申请，超过该期限后提出的请求不予以考虑。税务机关有义务自收到纳税人的请求之日起30日内，考虑并书面答复纳税人的请求。税务机关发现纳税人的要求有正当理由的，应当重新计算并退还超额税款。如果纳税人的要求被驳回，纳税人可向外部检查部门及地方政府申诉，或向法院等司法部门提出上诉。

3. **税务处罚**

根据老挝《税法》规定，税务部门有权对纳税人3年内的账目进行检查、统计和征收税款；如检查时发现统计、缴纳税款不完整的情况，税务部门有权追回税款且给予处罚。

点评：

在老挝投资经营的中国企业，在履行境外纳税义务的过程中，因语言文字差异和中老税收政策不同，可能会聘请当地的财务人员协助公司处理和对接当地财务部门，包括财务数据汇总、报表和纳税工作。对于企业而言，了解老挝的税收制度和纳税流程，可以有效避免或减少因信息差造成的由代办人员处理企业纳税过程中的重复纳税或多缴少缴问题，从而减少企业不必要的损失。

八、老挝关于用地的法律规定

（一）土地资源管理部门

老挝《土地法》规定由老挝自然资源与环境部集中统一管理各类土地，但根据土地类别的不同，明确了各部协调和分工管理的机制，管理土地使用的各部和自然资源与环境部协调配合。各管理部门的职责包括所负责类型土地的土地勘查，参与制定土地总体规划、土地战略计划和土地使用计划，土地保护和开发管理。

（二）土地立法及主要内容

1997 年之前，老挝没有一部单独的土地法律，老挝首部《土地法》在 1997 年 4 月 21 日由老挝国会通过。2003 年 10 月 21 日老挝国会通过第一次修订后的《土地法》，2019 年 6 月 21 日老挝国会通过第二次修订后的《土地法》，并于 2020 年 8 月 27 日正式生效实施，即为老挝现行有效的《土地法》。

1. 土地权属

老挝《土地法》规定，老挝土地属于国家所有，由国家授予个人、家庭、经济组织、军队、国家机构、政治和社会组织长期使用；土地使用权人对土地的权利包括使用权、用益权、转让权、继承权。国家享有土地所有权，个人、组织等享有土地永久使用权，土地所有权与使用权分离的模式是老挝土地制度的根本与基础。

根据 2003 年《土地法》，土地使用权人为老挝境内老挝籍个人和法人、组织、机构，外国籍个人和法人不被允许购买、拥有老挝土地使用权。土地使用权人享有的土地使用权是没有期限的，属于永久使用权。

2020 年《土地法》新增了一类使用期限为 50 年的土地使用权，并首次规定外国籍个人和法人可以购买、拥有老挝土地使用权，但是仅限于附期限的土地使用权。也就是说，外国籍个人和法人仅被允许购买、拥有 50 年期限的土地使用权。而对于老挝籍个人和法人而言，可以选择购买土地永久使用权或土地 50 年期限的使用权。

附期限土地使用权的出售和使用具有严格的条件限定。允许出售附期限土地使用权的主体为老挝国家，出售的附期限土地使用权所指向的土地为国有规划用地，且附期限土地使用权的土地用途仅限于新城开发、商品楼房和安置房建设。

附期限土地使用权购买人根据所剩的期限可以将土地使用权转让、出售、出租给老挝国内外的个人、法人和组织，向国内外的个人、法人和组织交换，作为贷款担保或作为股份入股，可以继承，进行前述行为须事先向中央政府或省政府报告。

点评：

2020 年 12 月 17 日，老挝首都万象市自然资源与环境厅发布第 11159 号通知，公开出售老挝万象市 450 大道两侧土地使用权，土地总面积为 28.35 万平方米，出售对象为老挝国内外的个人和法人。外国个人和法人首次可以购买老挝土地使用权。这一通知的发出标志着老挝新《土地法》确立的新土地制度开始实行，也标志着老挝土地市场的对外开放。

土地使用权登记。2003 年《土地法》确定了土地使用权登记制度，土地登记管理机关是省级土地管理部门。2020 年《土地法》将管理权限统一下放到土地所在县的自然资源与环境局。此外，2020 年《土地法》还明确了建立土地使用登记的信息系统并提供查询服务。

点评：

老挝自 2003 年开始颁发土地使用权证，并使用纸质记录簿进行土地登记，导致出现同一块土地向不同主体重复颁发土地使用权证的问题，进而出现了较多权证纠纷，且查询困难。近年来，老挝已经在逐步建立和完善土地使用权证的电子信息系统。

2. 土地规划

2020 年《土地法》首次提出土地总体规划。土地总体规划是指根据自然资源的特点优势、国家的地理位置和条件及各地方的特点而进行的土地区域和种类的系统划分，以保护环境和满足国家可持续发展及国防治安工作的需要。土地总体规划分为国家土地总体规划和地方土地规划。国家土地总体规划由自然资源与环境部拟定，送中央政府审议后报国会批准；地方土地规划由省自然资源与环境厅拟定，送省级政府审议后报省人民议会批准。

同时，中央各部对于自身职责范围内的土地，需要制定中央层级的土地使用战略；省级各厅级部门对于自身职责范围内的土地，需要制定省级土地使用战略。土地使用战略需要符合土地总体规划。

3. **土地分类**

2020年《土地法》对于土地的分类与2003年《土地法》的分类保持一致，将土地分为8类：农业用地、林业用地、水域用地、工业用地、交通用地、文化用地、国防治安用地、建设用地。

2020年《土地法》新提出了土地种类变更的概念。土地种类变更是指由一个种类的土地变更为另一个种类的土地，例如将农业用地变更为建设用地。不同类别土地之间的转换需要进行土地种类变更。土地种类变更需要符合土地总体规划、土地使用战略，并确保对环境影响降至最低。

土地种类变更有两种形式，临时变更和永久变更。临时变更为临时性变更土地的种类，例如将林业用地变更为矿产开采的工业用地；永久变更为永久变更土地的类型，例如将农业用地永久变更为修建道路的交通用地。

根据不同土地种类和变更面积范围，土地种类变更须经国会、中央政府或省人民议会批准决定。经批准变更土地种类者须依法承担土地变更的业务办理费、土地维护恢复费及种类变更手续费。

4. **征收补偿**

2020年《土地法》规定，在建设公益项目时，如果有必要，需使用某一个人、法人或组织的土地用于公益项目，比如建设道路、学校、医院、公园、机场、电线通道、排水渠、自来水厂、垃圾场和垃圾处理厂，国家需要收回该土地的使用权，由国家对相关人士进行补偿。在进行赔偿时，必须成立地上资产损失和土地价格评估委员会，并要有土地使用权所有者参与其中。

在进行投资项目时，根据国家经济社会发展计划，如果有必要，需要使用某一个人、法人或组织的土地用于投资、租赁或土地特许经营项目，如农业项目、林木种植项目、矿产开采项目、能源开发项目、道路项目、工业区项目、工业园区项目和经济特区，国家将转回该土地的使用权，由国家对相关人士进行补偿。在进行赔偿时，必须成立地上资产损失和土地价格评估委员会，组成委员会的为相关部门、负责项目的部门、项目业主、土地使用权所有者和相关的当地政府。

2020 年《土地法》还特别明确，因转回土地使用权而支付的损失赔偿金，需要依据评估的土地和资产的价格先行支付，再进行土地使用权的转回。

（三）外资企业获得土地的规定

2003 年《土地法》确定了外国个人和法人采用土地租赁和特许经营两种使用土地的方式，其中租赁土地最长使用期限为 30 年，特许经营最长使用期限为 50 年。经主管部门批准后，可以延期。

2020 年《土地法》在此基础上允许外国个人和法人购买 50 年期限的土地使用权，但仅限用于新城开发、商品楼房和安置房建设。

点评：

外国投资者在租赁土地时，应尽量直接与老挝政府签署土地租赁协议，在向私人租用土地时要注意土地类型，以免土地用途和类型不符造成不必要的损失。

投资项目涉及征地赔偿问题时，应事先与土地使用权人达成书面共识，以免引起不必要的纠纷。

九、老挝关于环境保护的法律规定

（一）环保管理部门及相关法律法规

老挝环境保护主管部门为老挝自然资源与环境部，下设省级、区市级、村级自然资源和环境机构。老挝自然资源与环境部成立于2011年底，将原来的水资源与环境管理局、国家土地资源管理局以及林业保护局和养护部门合并为一个部门，并把所有关于环境问题的解决和规划统一整合到一个部门之下。

老挝和环境保护相关的主要法律有《环境保护法》《环境保护法实施令》《水和水资源法》《水和水资源法实施令》等。

（二）环保法律法规基本要点

老挝宪法规定，全部组织以及个人必须保护环境，尤其是包括土地、森林、地下物、植被、野生动物、水源和大气等在内的国家自然资源。1993年10月，老挝政府根据宪法制定了国家环境行动计划，强调必须严格按照环境保护和自然资源管理的规定来使用和发展自然资源。环境行动计划主要关注水、物种多样性、土壤、森林植被、旅游业和渔业领域。

1999年4月，老挝政府颁布了《环境保护法》，对老挝环境保护的原则在法律上作了基本规定。2013年3月，老挝颁布了新修订的《环境保护法》。

《环境保护法》规定，个人或组织在实施项目中必须负责预防和控制水、土地、空气、垃圾、有毒化学物品、辐射性物品、振动、声音、光线、颜色和气味等污染；禁止随意向沟渠、水源等倾倒、排放超标污水和废水；禁止排放超出空气质量指标的烟雾、气体、有毒性化学品和尘土；生产、进口、使用、运输、储藏和处理有毒化学物品或辐射性物品必须按照相关规定执行；禁止随意倒放垃圾，必须在扔弃、燃烧、埋藏或销毁前划定或区分垃圾倒放区域；禁止进口、运输、移动危险物品通过老挝水源区、境内或领空。

个人或组织违反《环境保护法》的，情节较轻者处以教育、罚金，情节重者可按相关民事法律和刑事法律进行处罚。

（三）环保评估的相关规定

老挝《环境保护法》和《环境评价条例》构成老挝环境影响评价的法律依据。《环境保护法》确立了环境影响评价制度，制定了环境影响评价流程和方法。《环境评价条例》细化了环境影响评价制度的原则、规则和采取的措施，确保在老挝境内实施的所有对环境产生不利影响的项目都能够采取相应的评价措施。

在适用范围上，老挝将所有投资项目分为两类：一是投资规模小、对环境影响比较小的Ⅰ类项目，该类项目仅需进行初步环境影响评价（IEE）；二是投资规模大、对环境影响比较大的Ⅱ类项目，该类项目需要进行环境影响评价（EIA）。

根据《环境评价条例》，自然资源与环境部负责环境影响评价报告的审核及环境许可证的颁发。IEE和EIA必须由在自然资源与环境部注册的咨询公司或咨询师实施，IEE需包含多个可供选择方案和环境管理方案，其审核必须确保公众的充分参与；项目开发者必须对评价中使用的数据和信息真实性负责，承担由此产生的费用。

具体环评程序如下：首先建设单位应向项目主管部门提交项目计划书，主管部门应在收到项目计划书的30日内完成项目审核，经审核后无须进行环境影响评价的项目由自然资源与环境部门颁发环境许可证，需要进行环境影响评价的项目，应进行初步环境影响评价。

初步环评报告需要递交到乡村组织宣传会议上，并对项目发展方案、收益和可能产生的环境社会影响作出说明，并提出环境影响改进方案，以保护当地环境或将环境影响降至最低。在听取村民意见并进行修改后，将修订后的IEE报告提交主管部门进行审批。主管部门将在10个工作日内进行初步审查。审查通过将通知项目业主提交15份IEE报告副本和电子文件，进一步提交地方政府和有关部门评审。地方政府和有关部门将在20个工作日内给出评审意见，并组织技术会议让项目业主对IEE报告作出解释，必要时还应进行现场评议。最后，主管部门对IEE报告提出总结性评审意见并送自然资源与环境部作出决定。若该IEE报告获得批准则进入EIA程序。在编写EIA报告前，须向自然资源与环境部提交工作大纲，经过批准后，才能编写EIA报告。在准备EIA时，还应编写详细的环境管理计划。

不同项目的环评报告根据影响程度不同在组成上有所差异，但一般包括环境部分和社会部分。环境部分需要明确以下情况：（1）为了减少环境的破坏，应在项目建设的过程中，对环境采取一些保护措施；（2）制定合理的环境治理计划，划分责任，便于管理；制定项目的进度，以确保项目能够顺利进行；（3）在项目建设及运行过程中，除了对环境监控与评价过程分配预算外，还应考虑执行环境治理计划的预算支出。另外，在报告的环境部分还可能包含健康影响评价。

社会部分需要明确以下情况：（1）若项目涉及的移民安置在200

人及以上，则须有移民规划，若在200人以下，则只需在报告总则中体现；(2) 若项目涉及的问题危害到了少数民族的利益，或者与国家的发展规划有冲突，则应编制相应的计划；(3) 若项目涉及老挝湄公河流域，还应遵循《湄公河委员会公约》(1995) 以及其他相关法规要求。

[**案例** 4–1]

2018年11月7日，老挝环境部门发现老挝北部某农业进出口公司名下的香蕉园在种植香蕉过程中向河水里乱排有害化学物质，致使大量鱼、虾、螃蟹等生物死亡。该化学物质可增加香蕉产量，但对环境有负面影响，在2016年被老挝政府列为禁止使用的有害化学物质。老挝环境部门对该农业进出口公司作出处罚决定，并责令该公司在3年之内恢复被破坏的环境。

点评：

近年来，老挝政府对环境可持续发展问题愈加重视，当地民众环保意识也日益提高。企业赴老挝投资时，应充分了解当地环境保护有关法律规定，严格遵守相关法律，同时还应秉承可持续发展观念，增强环境成本意识，处理好环境保护和利润最大化的关系。

十、老挝反腐败、反垄断及反不正当竞争等方面的法律规定

(一) 反腐败相关法律规定

2005年，老挝国会通过《反腐败法》，严格公职人员财产公示制度，以遏制腐败行为，规定公职人员各类财产价值在2000万基普以上

的必须上报，包括土地、房产、车辆、机械以及各类贵重物品等。此外，该法还规定在老挝经营的企业员工行贿和收受贿赂都是腐败行为，被视为违法行为。

点评：

对于在老挝开展商业活动的企业而言，需要加强企业合规机制，建立合理的反商业贿赂政策，强化制度监督，树立以守法诚信、优质服务为核心的经营理念。

（二）反垄断及反不正当竞争相关法律规定

2015年7月，老挝颁布《竞争法》，对不公平竞争、限制竞争等行为进行了界定，并对违反法律法规行为的处罚作出明确规定。老挝竞争委员会是主要执行机构。不公平竞争的行为主要包括：

· 误导行为；

· 侵犯商业秘密；

· 经营胁迫；

· 诽谤其他经营者；

· 阻碍经营；

· 虚假广告；

· 不公平促销；

· 商业协会的歧视；

· 相关法律、法规规定的其他行为。

根据《竞争法》，一个或多个企业或一个企业集团通过任何形式减少竞争、扭曲和（或）阻止竞争的行为，如滥用市场支配地位和市场垄断等将被视作限制竞争。限制竞争的行为主要包括：

· 固定商品和服务的价格；

· 固定市场份额和分配；

· 固定产品生产数量；

· 限制技术发展和商品服务质量；

· 对商品和服务的购销施加条件；

· 妨碍或阻止其他经营者进入市场；

· 将其他经营者驱逐出市场；

· 串通投标；

· 相关法律、法规规定的其他行为。

老挝竞争委员会在收到涉及不公平竞争或限制竞争行为的报告后，对违反《竞争法》的企业采取以下措施：

· 责令进行补充检查；

· 发布公告，停业整顿；

· 责令实施行政措施；

· 根据情节追究刑事责任。

点评：

对于可能面临的不公平竞争，企业应当在严格遵守相关法律规定的前提下，积极维护自身合法权益，积极配合相关部门的调查取证。

十一、老挝对保护知识产权的规定

（一）知识产权保护机构

老挝国家科技部知识产权局成立于1991年，是负责专利、商标等知识产权事务的主管部门。

老挝是世界知识产权组织（WIPO）的成员国，是《保护文学和艺术作品伯尔尼公约》《保护工业产权巴黎公约》《商标国际注册马德里协定有关议定书》《专利合作条约》（PCT）等国际公约的缔约国。

2018 年 4 月，中国与老挝签署《知识产权领域合作谅解备忘录》，标志着老挝对中国发明专利审查结果予以认可。

（二）知识产权相关法律法规及主要内容

老挝关于知识产权保护的法律有《知识产权法》《商标注册法令》《专利、小型专利和工业设计法令》等。

1. **商标**

老挝知识产权局商标处负责商标注册申请与批准，商标使用只限于老挝境内。申请人可向商标处直接提出申请，也可委托代理公司进行处理。商标从申请到批准的平均时间为 12~16 个月，自申请日起保护期为 10 年，且可以续展，每次可续展 10 年，商标所有人每 10 年需缴纳一次费用。

2. **专利**

老挝对于专利申请，采用先申请制。如果 2 个或 2 个以上的人就相同的发明创造申请专利，则专利权授予最先提出申请的人或享有最早优先权的申请人。

专利权属于发明人或设计人。如果 2 个或 2 个以上的人共同完成某项发明，则专利权属于共同发明人或设计人。如果发明或设计是在履行雇主合同中创造的，除合同中有特殊规定外，申请专利的权利属于雇主。对于专利权的使用，需征得专利权所有人（或雇主）的同意。专利权所有人（或雇主）可转让或授权他人使用专利权，也可向法院提起诉讼，起诉侵犯其专利权的侵权人。

老挝专利权期限自申请之日起 20 年，专利权人需要每年缴纳年费。

在老挝，专利申请途径主要有以下两种：

（1）通过《专利合作条约》（PCT）进行专利申请。PCT 专利申请分为国际阶段和国家阶段，其中国际阶段包括国际受理、国际检索、国际公布、初步审查等步骤。通过该途径获得专利权的平均时间大约为 48 个月。

对于以 PCT 途径进入老挝的专利申请，申请人可从国际申请进入老挝国家阶段之日或从最早的优先权日起（如要求优先权）的 30 个月内提交申请。目前老挝 90%的专利申请都是国外企业通过 PCT 途径进入老挝。

（2）向老挝知识产权局提交专利申请。专利申请人需提供的申请文件主要包括：

①专利申请书（包括摘要、权利要求书、说明书、附图等）；

②专利名称；

③申请人、发明人、设计人或代理人（外国公司需委托代理）的姓名；

④其他规定的文件。

在接收专利申请文件后，若审查文件不齐全，审查委员会会通知申请人按要求完善申请文件。专利被作出授予决定后，需办理授予登记，并向知识产权局支付 30 万基普的费用。通过该途径获得专利权的平均时间大约为 60 个月。

老挝知识产权局不对专利进行实质审查，而是委托中国、欧盟、WIPO、新加坡等进行审查，并进行国际范围检索。但审查及检索费用由申请人承担，费用为 40 万基普。

3. 小专利、工业品外观设计

除发明专利外，老挝专利体系中还设置有小专利和工业设计。其中，小专利相当于中国的实用新型专利，其授权必须具备新颖性和实用性；工业设计相当于中国的外观设计专利，其授权条件需具有新颖性。申请人就工业设计提出专利申请的，应当提交申请书及该工业设计的图片或照片等。

在老挝，小专利保护期是 10 年（自申请日起），并可以延期 1 次以增加 2 年，专利权人需每年支付年费。工业设计保护期是 15 年（自申请日起），工业设计所有人需每 5 年支付年费。

4. 著作权

与中国相关规定类似，著作权的保护期是作者有生之年及其死亡后 50 年。如有共同作者，保护期截止于最后死亡的作者死亡后 50 年；如作者是组织，著作权保护期是该著作创作后 50 年；如作品发表，保护期是著作发表后 50 年。

（三）知识产权侵权的相关处罚规定

老挝《知识产权法》规定，违反知识产权保护规章的行为，受法律制裁。知识产权所有人可以向科技部申请处理侵权纠纷并提出处理侵权纠纷的方法，并允许向侵权方提出索赔。如果调解不成，相关当事人可以提起诉讼，科技部及其他相关机构所作出的调解记录可作为诉讼证据之一。

点评：

尽管老挝制定了知识产权保护相关法律法规，但老挝社会当前的制造和创造能力均不发达，知识产权保护的法律制定和执行能力尚处于发展阶段，特别是专利的申请和保护都十分薄弱。

十二、老挝对外国公司承包当地工程的规定

（一）工程建设管理机构及相关法律法规

老挝公共工程和运输部是老挝建设领域主管部门，下设路桥部、水利部、铁道部、住房和城市规划部等部门，负责不同领域建设的管理和审核。公共工程和运输部的主要职能包括研究制定相关领域政策、法规、指南和技术标准，建筑质量审核和认证，配合消防、公安、环境、水利等相关部门的规划实施和评估工作，制定建筑活动计划，提高建筑领域人力资源水平等。

随着老挝基础设施建设投资不断增加，建筑领域相关法律法规逐步出台，但尚未形成比较完善的体系。主要法律法规包括《建筑法》《城市规划法》《建筑师和土木工程师职业管理协议》《施工管理协议》等。

（二）许可制度

老挝不允许外国自然人在当地承揽工程项目。外国自然人需在老挝注册公司或以外国公司的名义方能在老挝承揽工程。按老挝法律规定，外国承包商在老挝承包工程需获得许可。

（三）禁止领域

老挝法律没有明确禁止外国承包商在老挝承揽工程项目的领域。

十三、老挝对中国企业投资合作的保护政策

1. 中国与老挝签署双边投资保护协议

1988 年 12 月，中国与老挝签署了《中老贸易协定》和《中老边

境贸易的换文》。

1993 年 1 月 31 日，中老双方签署了《中华人民共和国政府和老挝人民民主共和国政府关于鼓励和相互保护投资协定》。

2016 年 11 月，中老双方签署了《关于加强两国边境地区经贸合作的协定》。

2. 中国与老挝签署避免双重征税协定

中国与老挝于 1999 年 1 月签署了《中老避免双重征税协定》。

3. 其他协定及发布的声明

中国与老挝还签署了：

·《中老领事条约》（1989 年 10 月）；

·《中老汽车运输协定》（1993 年 12 月）；

·《中老澜沧江-湄公河客货运输协定》（1994 年 11 月）；

·《中老旅游合作协定》（1996 年 10 月）；

·《中老关于成立两国经贸技术合作委员会协定》（1997 年 5 月）；

·《中老民事刑事司法协助条约》（1999 年 1 月）；

·《中国、老挝、缅甸和泰国四国澜沧江-湄公河商船通航协定》（2000 年 4 月）；

·《中国-东盟全面经济合作框架协议》（2002 年 11 月）；

·《货物贸易协议》（2004 年 11 月）；

·《争端解决机制协议》（2004 年 11 月）；

·《中老关于编制共同推进“一带一路”建设合作规划纲要的谅解备忘录》（2016 年 9 月）；

·《关于共同推进中老经济走廊建设的谅解备忘录》（2017 年 11 月）。

此外，2020 年 1 月 6 日，中国人民银行与老挝银行签署了双边本币合作协议，允许在两国已经放开的所有经常和资本项下交易中直接使用双方本币结算，进一步深化中老货币金融合作，提升双边本币使用水平，促进贸易投资便利化。

十四、在老挝解决纠纷的主要途径及适用法律

中国企业前往老挝投资、建厂、合作、经营过程中，应当遵守当地的法律法规，认真履行签订的合同。如果中国企业在老挝发生商业纠纷，最好先通过协商方式解决；如协商不成，可以通过调解、仲裁、诉讼等方式解决争议。

（一）调解

根据老挝《经济纠纷解决法》规定，调解是指由一位或多位调解员作为中间人协助纠纷双方通过协商、谈判，以符合相关法律规定的方式和平解决纠纷。纠纷双方可挑选调解员，但调解员或调解委员会人数必须为奇数。若选择一位调解员，则纠纷双方须在作出决定之日起 5 天内选择调解员。

委任调解员后，纠纷双方有权在调解期间向调解员提交有关纠纷的各种问题、资料或证据并寻求解决途径，调解员须在获得委任后 15 天内召开由纠纷双方或其代表参加的调解会议。

（二）诉讼

诉讼是在老挝通过司法途径解决纠纷的主要方式之一。根据老挝《民事诉讼法》规定，民事诉讼活动是通过法院解决当事人之间，如财产权、物权、知识产权等方面的民事纠纷，主要包括贸易案件、家

庭案件、未成年案件与劳动案件等。

《民事诉讼法》规定，一审法院的审理期限为9个月，上诉法院的审理期限为4个月，终审法院的审理期限为3个月，每一个审理阶段经院长同意可延期3个月，法院审判委员会可根据案件情况再延期。一个案件完成三级法院审理的法定期限可长达25个月，且不包括各种审理期限的中止情形。

对于不同的法律案件，诉讼时效存在差异。老挝《合同和侵权责任法》规定，因建筑物合同纠纷的诉讼时效为10年，其他合同纠纷的诉讼时效一般为3年。诉讼时效的起始时间为合同终止之日或损失产生之日。在某些特殊情况下，可产生诉讼时效的中止或中断的法律后果，如出现紧急情况或其他不可抗力因素导致权利人不能主张其权利，即可中止诉讼时效计算，当紧急情况或不可抗力因素解除或消失时，诉讼时效继续计算。

点评：

老挝司法机关对解决外国投资纠纷存在明显保护主义倾向。老挝政策宣称给予外国投资者国民待遇，但发生纠纷后，司法机关对本国投资方具有明显的保护主义。在某个司法案例中，中国投资者与老挝当地公司合作投资了铁矿项目。在项目运营过程中，由于中老铁路等大项目的建设，铁矿价格上涨，老挝方意图单方面拥有项目的开采权，在多次协商不能处理后，老挝方提起诉讼。该案经省级人民法院一审裁决，支持了老挝方的诉求，还适用了老挝民事诉讼法第251条的规定，法院判决要求先期履行义务的，在上诉期内，义务人仍需先予以履行。在商事纠纷中采用先予执行的裁决，保护了老挝方有权在终审判决生效前，出卖库存铁矿石。可见，外国投资者在老挝进行司法诉讼存在巨大风险。

（三）仲裁

仲裁作为国际上一种通行的商业争议解决方式，在老挝同样适用。老挝《经济纠纷解决法》规定，经济仲裁是在法院管辖之外的调解或裁决经济纠纷的方式；自然人、法人或其他组织有权选择经济仲裁的方式处理经济纠纷。然而，任何涉及国家安全、社会稳定或环境保护的问题，无论是否违反法律都不得仲裁。老挝的仲裁方式主要分为国内仲裁和国际仲裁。

1. 国内仲裁

老挝对经济纠纷的仲裁由中央和省两级仲裁机构处理。中央级的经济纠纷解决中心，受老挝司法部监督与管辖，其性质是附属于司法部的行政机构，兼具仲裁与调解双重功能。省级的经济纠纷处理办公室，分别设在乌多姆塞省司法厅、琅勃拉邦省司法厅、占巴塞省司法厅，由经济纠纷解决中心管辖。根据《经济纠纷解决法》规定，纠纷双方向共同认可的纠纷解决机构提交仲裁申请。

仲裁庭由奇数的仲裁员组成，可为 3 名或 3 名以上，仲裁员名单由仲裁机构提供。仲裁庭组成后的 3 个月以内，作出仲裁裁决。

当事人在仲裁中的和解约定以及仲裁裁决具有法律效力，当事人应当在裁决作出之日起 15 日内履行。

纠纷双方当事人可以向法院提出撤销仲裁裁决的申请，也可以向法院提出认可仲裁裁决并发布强制执行令的申请。法院在受理之日起 15 日内作出决定。

如法院对裁决作出撤销决议，当事人可再次向仲裁机构重新申请仲裁，或向法院提起诉讼。如法院对仲裁作出认可决议，该决议不得向上一级法院提起上诉，但当事人有权向最高检察院申请重审。如符合法定重审条件，则最高检察院送交最高法院对该决议进行重审；如不符合法定重审条件，则该决议生效，送交执行。

2. 国际仲裁

根据《经济纠纷解决法》规定，任何在老挝进行贸易和投资的个人、法人及组织在发生争议后，争议双方均有权选择外国或者国际仲裁机构来解决纠纷，包括有权选择仲裁员和仲裁小组、适用的法律、程序规则、仲裁地和语言。法院基于以下条件认可外国仲裁裁决效力：

（1）争议双方当事人为《纽约公约》成员国公民。

（2）裁决内容不违反老挝法律关于国家安全、社会稳定及环境保护的规定。

（3）债务人在老挝有可被执行的财产。

法院认可该裁决的效力后，依照《老挝人民法院判决实施法》来执行。当事人对法院的效力认定决议不服的，可在收到法院决议之日起20日内提起上诉。收到上诉申请的法院将该案交由上一级法院进行二审，二审裁决为最终裁决。

点评：

近年来，随着中国投资者的大量涌入，不可避免地出现各类投资纠纷，为了能公平、公正地解决争议，建议投资者在订立合作协议或者项目合同时尽量选择第三方仲裁的方式维护自身权益。

十五、在老挝投资注意事项

（一）投资方面

1. 客观评估投资环境

老挝的法律、法规基本齐备，但在执行过程中有时存在有法不依、执法不严的问题，需注意法律风险。老挝社会总体稳定，少有暴力、恐怖事件，但有针对外国投资企业的偷盗、抢劫案件发生，需注意人身、财物安全。老挝人口少、市场小，难以规模化生产制造，大部分物资靠进口，成本相对较高，投资经营中需注意成本调查、核算。老挝基础建设条件欠佳，工业较难配套，物流成本较高，运输时间长，煤炭严重缺乏，水电虽丰富，但电网建设跟不上，部分地区仍未通电。老挝熟练劳动力不足，素质和技能有待提升，当地雇员一般不愿加班加点，赶时间、工期的项目执行难度较大。

2. 适应法律环境的复杂性

近年来随着老挝对外开放力度加大，各种法律都在修改完善之中，需不断关注最新法律、法规和政策的出台和修订，可聘用律师事务所和政府部门中的资深法律专家作为法律顾问，也可随时登门或电话咨询和请教。还需特别注意两点：一是在同老挝政府签订投资协议中，老方承诺的优惠政策应有法律作依据，否则在执行中仍可能会出现争议；二是老挝计划与投资部为老方外商投资的统一受理窗口部门，但在实际运作中仍存在内部程序多、时间长的问题，因此需要有耐心并保持沟通，及时提供补充资料和解答有关问题。

3. 全面客观了解老挝的优惠政策

老挝政府公布的外商投资优惠政策对不同行业、不同地区、不同贡献的企业有不同的标准，要全面、客观了解优惠政策申报条件、时限等，做好科研调查，规避政策风险。进入经济特区、工业园区的投资企业，虽然可享受保税、免税的政策，但企业要自行解决三通一平等基础设施的建设投入，需要统筹评估利弊关系。

4. 遵守当地的宗教习俗

老挝宪法赋予佛教国教地位，老挝国民佛教信徒比例较高。中资企业在老挝开展投资活动，尤其在开展土地开发建设时应特别注意保护当地佛教场所和遗迹，在员工管理方面要尊重当地佛教信徒生活习惯。

（二）贸易方面

1. 贸易管理规定

老挝贸易管理中不同商品有不同的管理规定，例如，木材贸易中原木、锯材等禁止出口，只有木材制成品才能出口；矿产品贸易中原矿不能出口，必须半加工品才能出口；药材贸易中大黄藤需向老挝政府申请配额后方能出口等。老挝进口商品主要按中国–东盟自贸区货物贸易协定执行，即除敏感商品外，其余商品在 2015 年降为零关税。另外，随对老援助和投资项目进入老挝的产品在实施期内可享受零关税。

2. 商品质量和服务

由于老挝和泰国之间的文字、信仰、习俗、气候、地理条件相近，老挝公民容易接受泰国产品，而中国产品要进入老挝开拓市场，必须了解泰国同类产品的质量、性能、包装等，尤其在商品包装的文字方面，以及在稳定供货及售后服务等方面要有竞争性，同时注意商品要适应老挝炎热的气候。

3. 商务礼仪

由于老挝语是小语种，中方熟练掌握的人不多，在投资贸易的交流合作中因语言不通或不准确，与很多商机失之交臂，因此一个好的老挝语翻译很重要。老挝是佛教国家，十分讲究礼仪，中资企业应尊重当地风俗、礼节、规矩及卫生要求。

（三）承包工程方面

1. 抓住市场机遇

老挝各种基础建设处于起步阶段，公路、铁路、航空、电站、电网等基础建设项目及城市设施项目正陆续上马，农业、矿业等资源开发项目将逐步增多，工程承包市场潜力较大，应密切跟踪。企业应树立信誉、打造品牌、从小到大、从分包到总包，逐步延伸项目市场，要注意规避竞争风险、资金风险、市场风险等。建议中资企业在当地设立办事处或公司，准确掌握最新发展动向，实现预期目标。

2. 注意选择不同的经营方式

由于老挝政府资金短缺，项目资金主要来源于国际援助、世界银行、亚洲开发银行贷款及外商投资，政府财政资金主要用于项目配套。项目经营方式有带资承包、出口买方信贷、BOT、资源换资产等，要注意研究各种不同项目类型、不同资金渠道，注意规避支付风险。

3. 认真做好劳动成本核算

老挝劳动力数量和质量总体不能满足需要，中国项目承建商需从国内带出劳务，这涉及在老挝的居住证、就业证、多次往返证等，因证件费用昂贵，企业需认真核算成本。

4. 注意量力而行

随着市场竞争加剧，业主倾向选择有资质、信誉好、有当地业绩的企业作为承包商，因此备齐各种证件、提供有利的竞争条件是必须的。企业要客观评价自身实力，量力而行，找好市场切入点，切勿盲目行事。

（四）劳务合作方面

（1）当地政府对在老挝办理居住证、就业证、多次往返证等有严格的规定，费用昂贵，手续复杂，建议中资企业请当地有经验的律师协助，并要注意这些证件的有效期，需提前办理延期手续，逾期不办将受到罚款、遣返等处理。

（2）深入了解合作伙伴的信誉等情况，认真审核和签订劳务合同，不要操之过急。避免因不熟悉合作伙伴经营和信誉情况，轻信对方介绍和保证，盲目签订合同，或合同条款不严谨，造成损失。

（3）仔细推敲合同文本，需要甲方业主配合的工作和所尽义务应全部写进合同文本，切勿听信合作伙伴口头承诺。

（4）挑选素质较高的劳务人员，在赴老挝之前对其进行必要的技能和安全培训。到老挝后，中方劳务人员要与当地员工相互沟通，和睦相处。注意安全生产，避免安全事故。

（5）及时调解当地工人和中国工人间出现的各类矛盾，避免矛盾激化引发群体性事件。

（五）防范投资合作风险

在老挝开展投资、贸易、承包工程和劳务合作的过程中，要特别注意事前调查、分析、评估相关风险，事中做好风险规避和管理工作，切实保障自身利益，包括对项目或贸易客户及相关方进行资信调查和评估，对投资或承包工程国家的政治风险和商业风险进行分析和规避，对项目本身的实施进行可行性分析等。建议相关企业积极利用保险、担保、银行等保险金融机构和其他专业风险管理机构的相关业务保障自身利益，包括贸易、投资、承包工程和劳务类信用保险、财产保险、人身安全保险等，以及银行的保理业务和福费廷业务、各类担保业务（政府担保、商业担保、保函）等。

建议企业在开展对外投资合作过程中使用中国政策性保险机构——中国出口信用保险公司提供的包括政治风险、商业风险在内的信用风险保障产品，也可使用中国进出口银行等政策性银行提供的商业担保服务。

中国出口信用保险公司是由国家出资设立、支持中国对外经济贸易发展与合作、具有独立法人地位的国有政策性保险公司，是我国唯一承办政策性出口信用保险业务的金融机构。该公司支持企业对外投资合作的保险产品包括短期出口信用保险、中长期出口信用保险、海外投资保险和融资担保等，对因投资所在国（地区）发生的国有化征收、汇兑限制、战争及政治暴乱、违约等政治风险造成的经济损失提供风险保障。

如果在没有有效风险规避的情况下发生了风险损失，也要根据损失情况尽快通过自身或相关手段追偿损失。通过信用保险机构承保的业务，则由信用保险机构定损核赔、补偿风险损失，相关机构协助信用保险机构追偿。

Chapter 5
第五章

工程项目投建营全生命周期中的合规要求

作为企业风险管理重要组成部分的项目合规管理，首先要识别合规义务，即合哪些规。企业应以适合其规模、复杂性、结构和运行的方式记录其合规义务。合规义务的来源包括合规要求和合规承诺。

（1）合规要求：企业必须遵守的外部各项法律法规、监管规定。

①境内经营：境内工程建设相关的法律、法规、部门规章。

②境外经营：强调所在国的法律法规、国际条约、规则等。强调对外承包工程相关的投标管理、合同管理、项目履约、劳工权利保护、环境保护、连带风险管理、债务管理、捐赠与赞助、反腐败、反贿赂等方面的要求。

（2）合规承诺：企业自愿遵守的指引、合约、协议、内部章程、规定等。

按内容划分，合规义务又可以分为以下四类：

①法律、法规、规章、政策；

②行业协会等自律性组织的规范、标准、惯例等；

③公司章程及企业内部规章制度；

④诚实守信的职业道德。

我们按工程项目投建营全生命周期，梳理了生命周期各个阶段的合规要求。

一、第一阶段：项目前期论证

在老挝开展工程项目的投资、建设和运营势必需要严格遵守老挝关于投资、工程建设、环保、法律、税务等方面的要求和规定，这是企业在老挝正常经营的前提，也是企业在老挝获得长期稳定发展的必要条件。

（一）中国境内合规要求

中资企业开展境外投资活动前，应当完成中国境内的核准、备案程序，避免出现境外工作完成后因境内合规问题导致投资失败的风险。

1. 中国境内相关政策法规

中资企业境外投资需要遵守的国内相关政策法规主要包括：国家发展改革委、商务部、国家外汇管理局、国务院国资委等部门制定的相关政策法规等，具体内容见表5-1。

表5-1 中资企业境外投资需要遵守的国内相关政策法规

序号	部门规章	发文机构	发布时间
1	《境外投资管理办法》	商务部	2014年
2	《企业境外投资管理办法》	国家发展改革委	2017年
3	《境内机构境外直接投资外汇管理规定》	国家外汇管理局	2009年
4	《关于境内居民通过特殊目的公司境外投融资及返程投资外汇管理有关问题的通知》	国家外汇管理局	2014年
5	《关于进一步改进和调整资本项目外汇管理政策的通知》	国家外汇管理局	2014年
6	《关于进一步简化和改进直接投资外汇管理政策的通知》	国家外汇管理局	2015年
7	《关于驻外经商机构为企业办理对外承包工程项目投标（议标）核准意见的暂行规定》	商务部办公厅	2015年
8	《关于进一步推进外汇管理改革完善真实合规性审核的通知》	国家外汇管理局	2017年

续 表

序号	部门规章	发文机构	发布时间
9	《中央企业境外投资监督管理办法》	国务院国资委	2017 年
10	《关于进一步引导和规范境外投资方向的指导意见》	国家发展改革委、商务部、人民银行、外交部	2017 年
11	《对外承包工程管理条例（2017 修订）》	国务院	2017 年
12	《境外投资敏感行业目录（2018）》	国家发展改革委	2018 年
13	《对外投资备案（核准）报告暂行办法》	商务部、人民银行、国务院国资委、银监会、证监会、保监会、国家外汇管理局	2018 年
14	《关于做好国内企业在境外投资开办企业（金融企业除外）核准初审取消后相关工作的通知》	商务部办公厅	2018 年
15	《对外投资备案（核准）报告实施规程》	商务部办公厅	2019 年
16	《关于加强疫情期间境外工程项目和在外人员统计的通知》	商务部办公厅	2020 年
17	《关于促进对外设计咨询高质量发展有关工作的通知》	商务部等 19 部门	2021 年
18	《对外投资合作绿色发展工作指引》	商务部、生态环境部	2021 年
19	《数字经济对外投资合作工作指引》	商务部、中央网信办、工信部	2021 年
20	《对外承包工程业务统计调查制度》与《对外承包工程业务统计调查制度》（修订）	商务部	2022 年

2. **境内核准/备案流程及主要规定**

(1) 国家发展改革委相关规定。

对敏感类项目实行核准管理，对非敏感类项目实行备案管理。具体见表 5-2。

表 5-2 国家发展和改革委员会相关规定

项目分类	境内企业直接开展投资	境内企业通过其控制的境外企业开展投资	具体内容
敏感类项目	核准（国家发展改革委）	核准（国家发展改革委）	实行核准管理的，投资主体向核准机关提交项目申请报告并附具有关文件，项目申请报告应当包括以下内容：投资主体情况；项目情况，包括项目名称、投资目的地、主要内容和规模、中方投资额等；项目对我国国家利益和国家安全的影响分析；投资主体关于项目真实性的声明。 核准机关应当在收到项目申请报告之日起 5 个工作日内一次性告知投资主体需要补正的内容。核准机关应当在受理项目申请报告后 20 个工作日内做出是否予以核准的决定。项目情况复杂或需要征求有关单位意见的，经核准机关负责人批准，可以延长核准时限，但延长的核准时限不得超过 10 个工作日，并应当将延长时限的理由告知投资主体。符合核准条件的项目，核准机关应当予以核准，并向投资主体出具书面核准文件。

续 表

项目分类	境内企业直接开展投资	境内企业通过其控制的境外企业开展投资	具体内容
非敏感类项目	央企、大额：备案（国家发展改革委） 央企、非大额：备案（国家发展改革委）	央企、大额：报告（国家发展改革委） 央企、非大额：无须履行手续	实行备案管理的，投资主体通过网络系统向备案机关提交项目申请报告并附具有关文件。项目备案表或附件不齐全、项目备案表或附件不符合法定形式、项目不属于备案管理范围、项目不属于备案机关管理权限的，备案机关应当在收到项目备案表之日起5个工作日内一次性告知投资主体。备案机关在受理项目备案表之日起7个工作日内向投资主体出具备案通知书。
	非央企、大额：备案（国家发展改革委） 非央企、非大额：备案（省级发改委）	非央企、大额：报告（国家发展改革委） 非央企、非大额：无须履行手续	投资主体通过其控制的境外企业开展大额非敏感类项目的，投资主体应当在项目实施前通过网络系统提交大额非敏感类项目情况报告表，将有关信息告知国家发展改革委。投资主体提交的大额非敏感类项目情况报告表内容不完整的，国家发展改革委应当在收到之日起5个工作日内一次性告知投资主体需要补正的内容。

其中的“敏感类项目”指涉及敏感国家和地区的项目和涉及敏感行业的项目。

“敏感国家和地区”：指未与我国建交的国家和地区；发生战争、内乱的国家和地区；根据我国缔结或参加的国际条约、协定等，需要限制企业对其投资的国家和地区；其他敏感国家和地区。

“敏感行业”：由国家发展改革委发布的敏感行业目录（2018 年 1 月 31 日发布），例如武器装备的研制生产维修、跨境水资源开发利用、新闻传媒、房地产业，根据我国法律法规和有关调控政策需要限制企业境外投资的行业等。

“大额”：指中方投资额 3 亿美元及以上。

（2）商务部相关规定。

2018 年 1 月 25 日，商务部、人民银行、国务院国资委、银监会、证监会、保监会、国家外汇管理局共同发布了《对外投资备案（核准）报告暂行办法》，规定由商务部牵头对外投资备案（核准）报告信息统一汇总，各部门定期将备案（核准）信息和报告信息通报商务部，实行“备案为主、核准为辅”的管理方式。

2018 年 8 月和 2019 年 7 月，商务部分别出台《关于做好国内企业在境外投资开办企业（金融企业除外）核准初审取消后相关工作的通知》《对外投资备案（核准）报告实施规程》，明确了相关工作细则。

企业境外投资涉及敏感国家和地区、敏感行业的，实行核准管理。企业其他情形的境外投资，实行备案管理。实行核准管理的国家主要是未与中华人民共和国建交的国家、受联合国制裁的国家。必要时，商务部可另行公布其他实行核准管理的国家和地区的名单。实行核准管理的行业主要是涉及中华人民共和国限制出口的产品和技术的行业、影响一国（地区）以上利益的行业。

[**案例** 5-1]

国内企业在境外开办企业（金融企业除外）备案（以河北省为例）。

实施主体：省级商务厅；

办件类型：承诺件；

办理形式：窗口办理、网上办理、快递申请；

办结时限：3个工作日；

申请材料：见表5-3。

表5-3 国内企业在境外开办企业（金融企业除外）备案申请材料

序号	材料名称	材料形式	材料需求
1	投资决策人员身份证	原件：0份 复印件：1份 纸质	必要 申请人自备
2	董事会决议或内部决议	原件：1份 复印件：0份 纸质	必要 申请人自备
3	企业法人《营业执照》	原件：0份 复印件：1份 纸质	必要 申请人自备
4	投资决策人员签字单	原件：1份 复印件：0份 纸质	必要 申请人自备
5	前期工作落实情况说明(包含可研报告、投资资金来源情况的说明、投资环境分析评价等)	原件：1份 复印件：0份 纸质	必要 申请人自备

续 表

序号	材料名称	材料形式	材料需求
6	境外投资真实性承诺书	原件：1 复印件：0 纸质	必要 申请人自备
7	属于并购类对外投资的，除上述材料外，还需提交尽职调查报告和《境外并购事项前期报告表》	原件：1 份 复印件：0 份 纸质	必要 申请人自备
8	境外投资备案表	原件：1 份 复印件：0 份 纸质	必要 申请人自备
9	对外投资设立企业或并购章程（或合同、协议）	原件：1 份 复印件：0 份 纸质	必要 申请人自备

资料来源：境外工程承包中资企业提供。

主管机关审批通过后颁发境外投资（机构）证书，取得境外投资证书后需向中国驻当地使（领）馆报到。

根据《对外投资备案（核准）报告实施规程》第十三条：投资主体投资的境外企业在我驻当地使领馆完成报到登记 10 个自然日内，投资主体应通过子模块报告报到登记情况，同时扫描上传经使（领）馆盖章确认的《境外中资企业（机构）报到登记表》回执联。

(3) 国家外汇管理局相关规定。

银行按照国家外汇管理局《直接投资外汇业务操作指引》直接审核办理境外直接投资项下外汇登记，国家外汇管理局及其分支机构通过银行对直接投资外汇登记实施间接监管（见表 5-4）。

表 5-4　国家外汇管理局相关规定

分类		相关规定
银行直接办理的事项	境外直接投资前期费用登记	(1) 境内机构（含境内企业、银行及非银行金融机构，下同）汇出境外的前期费用，累计汇出额原则上不超过 300 万美元且不超过中方投资总额的 15%。 (2) 境内机构汇出境外的前期费用，应列入其境外直接投资总额。 (3) 银行通过资本项目信息系统为境内机构办理前期费用登记手续后，境内机构凭《业务登记凭证》直接到银行办理后续资金购付汇手续。 申请材料： (1)《境外直接投资外汇登记业务申请表》。 (2) 营业资质许可（尚未办理"五证合一"的企业，还需提供组织机构代码证）。 (3) 境外投资资金来源证明、资金使用计划和董事会决议（或合伙人决议）、合同或其他真实性证明材料。 注意： 境内机构为其境外分支、代表机构等非独立核算机构购买境外办公用房的，需提交以下材料： (1)《境外直接投资外汇登记业务申请表》； (2) 境外设立分支、代表机构等非独立核算机构的批准/备案文件或注册证明文件； (3) 境外购买办公用房合同或协议； (4) 其他真实性证明材料。
	境内机构境外直接投资资金汇出	银行要求的审核材料主要有： (1)《境外直接投资外汇登记业务申请表》。 (2) 营业资质许可或注册登记证明及组织机构代码证（多个境内机构共同实施一项境外直接投资的，应提交各境内机构的营业资质许可或注册登记证明及组织机构代码证）。 (3) 非金融企业境外投资提供商务主管部门颁发的《企业境外投资证书》，金融机构境外投资提供相关金融主管部门对该项投资的批准文件或无异议函。

续 表

分类		相关规定
银行直接办理的事项	境内机构境外直接投资资金汇出	(4) 境外投资资金来源证明、资金使用计划和董事会决议(或合伙人决议)、合同或其他真实性证明材料。 (5) 外国投资者以境外股权并购境内公司导致境内公司或其股东持有境外公司股权的，另需提供加注的外商投资企业批准证书和加注的外商投资企业营业资质许可。 (6) 其他真实性证明材料。

点评：

企业开展对外投资之前，应针对具体投资项目向各部门确认具体流程及要求。同时，国家对于境外投资行业的政策可能随时变化，因此，投资者应当关注我国针对具体行业的境外投资政策，特别是敏感行业或国家战略不支持行业的政策变动，及时向相关部门咨询、核实。

（二）老挝建设工程行业相关法律法规

老挝没有专门适用于国际工程承包的法律法规，其对国际工程承包法律关系的调整，主要是由国内一些相关法律来进行。建筑业相关法律文件包括《建筑法》《城市规划法》《建筑师和土木工程师职业管理协议》《施工管理协议》《废物处置场管理协议》等。此外，中国企业在老挝进行投资建设还需要遵守当地投资、贸易、劳动、税收、环保等各方面的法律法规和政策。

（三）前期论证各子阶段

1. 投资机会研究

（1）投资机会研究方法。

第一步：制定对外投资战略。必须明确对外投资应实现的战略目标，首先需初步确定投资地与投资行业。

第二步：投资环境分析。必须研究目标投资地的政治、经济、法律体系和税制、行业发展情况、劳动力市场与重大风险因素等内容。

第三步：制定市场进入战略。需要确定投资的方式例如参股、合资投资等，并且制定市场进入战略与行动计划。

（2）老挝承包市场分析。

近年来，随着中老两国经济快速发展，双方经贸合作成绩显著，中资企业对老挝投资迈出可喜步伐，一批有实力的中资企业进入老挝市场，投资领域不断扩大，投资方式呈现多样化。主要投资领域包括基建、矿产、水电、农林、房地产、园区开发和酒店业等。但老挝市场容量较小，工程建设项目主要依靠外援。目前在老挝承包工程市场上有中国、越南、泰国、日本、韩国、意大利等国的施工企业，其中以中国、越南和泰国的企业为主开展竞争，争夺市场。

中资企业在进入老挝市场时需关注相关限制性条件。老挝政府财政规模较小，营商环境和基础设施条件落后，产业链不健全，且国家仍处于快速发展中，法律和政策变动频繁，法律环境仍待改善。对于资金来源没有充分保障的现汇项目以及运营时间较长的投建营一体化项目，仍存在较大的挑战和风险。

2. 初步可行性研究

当企业确定投资领域，获得投资项目清单后，需要进行初步可行性研究来进一步确定拟投资的项目。

初步可行性研究是指在项目意向经过投资机构研究认为具有投资的可能性后，进一步对拟建项目建议进行粗略的技术经济分析，以确定投资机会是否具有可行性、项目范围是否值得通过进一步的可行性研究进行详细分析、是否有一些方面对它的可行性是关键性的，并且有必要通过职能研究或辅助研究（如市场研究、实验室试验、中间试验等）进行深入调查，甚至根据初步可行性研究的结论就可作出投资决策。对老挝投资开展初步可行性研究，应重点关注项目细分市场需求情况，如电力、交通、能源，从政府政策及相关风险、市场竞争价格、物资与劳动力获取、施工技术等方面进行分析。

点评：

初步可研属于前期市场信息收集阶段，企业需要有健全的信息收集体系，对目标市场的政治环境、法律法规、风土人情、宗教信仰、地理环境、用工成本、物资条件等信息的调研需要充分真实反映项目运行环境和项目所处的内在和外在的不利影响。

调研是否充分有效直接影响项目的实施方案确定、合同标价制定以及部分决定项目是否盈利等等。调研不充分会造成盲目投标，调研不深入、片面地以国内的标准来制作投标标价，极有可能导致企业入不敷出、陷入泥潭无法自拔。

3. 可行性研究

确定拟投资项目后，企业需要开展可行性研究。除财务可行性调研外，境外投资前期调研还应包括投资必要性、技术可行性、组织可行性、经济可行性等调研。

（1）可行性研究框架。

①投资必要性。根据市场调查及预测的结果、有关产业政策等因素，论证项目投资建设的必要性。在投资必要性的论证上，一是做好投资环境分析，对构成投资环境的各种要素进行全面的分析论证；二

是做好市场研究，包括市场供求预测、竞争力分析、价格分析、市场细分、定位及营销策略论证等。

②技术可行性。应从项目实施角度，合理设计技术方案，并进行比选和评价。各行业不同项目技术可行性的研究内容及深度差别较大。工业项目可行性研究的技术论证应达到能明确列出设备清单的深度；非工业项目可行性研究的技术论证应达到工程方案初步设计的标准，以便与国际惯例接轨。

③组织可行性。制订合理的项目实施进度计划，设计合理的组织架构，选择经验丰富的管理人员，构建良好的协作关系，制订合适的培训计划等，以确保项目顺利执行。

④经济可行性。从资源配置的角度，衡量项目的价值，评价项目在实现区域经济发展、有效配置资源、增加供应、创造就业、改善环境等方面的效益。

⑤社会可行性。分析项目对当地社会的影响，包括经济发展、增加就业、法律道德、宗教民族、妇女儿童及社会稳定性等。

⑥风险因素及对策。对项目的市场风险、技术风险、财务风险、组织风险、法律风险、经济及社会风险等进行全面评价，制定能规避风险的对策。在老挝开展投资、贸易、承包工程和劳务合作过程中，需特别注意在事前调查、分析、评估相关风险，事中做好风险防控等工作。可行性评估报告框架可参考表 5-5。

表 5-5　境外投资项目可行性评估报告框架（参考）

一、总论	五、项目经济效益估算
二、项目实施必要性分析	5.1 投资估算依据
2.1 项目宏观背景	5.2 项目总投资估算
2.1.1 宏观政经概况	5.3 项目收益估算
2.1.2 宏观政经形势判断	5.4 财务评价
2.2 项目必要性	六、项目组织机构与运作模式
2.3 项目必要性结论	七、项目实施进度方案
三、项目实施可行性分析	八、风险与规避措施
3.1 宏观政治经济条件对项目形成有力支撑	8.1 风险因素识别
3.2 地区产业经济环境有利于项目实施开展	8.2 风险影响程度评价
3.3 项目拟选址已初步具备项目实施条件	8.3 风险规避措施
3.4 结论	九、结论与建议
四、项目实施方案	9.1 可行性研究结论
4.1 建设规模与内容	9.2 项目实施关键建议
4.2 产品方案与产值预测	9.3 专家意见
4.3 项目技术方案	—

（2）可行性研究应关注事项。

在编制可研报告的时候，特别需要注意以下方面：

①做好尽职调查。对拟投资的项目展开全方位的尽职调查工作，包括财务尽职调查、商业运营尽职调查、税务尽职调查和法律尽职调查。

②确定交易价格范围。对投资项目进行全方位的财务测算，对宏观参数、政策变化、关键财务指标等因素进行敏感度分析，确定交易的价格范围。

③制定融资方案。明确融资需求，拓展融资渠道，设计融资结构并制定资金安排计划。

④税务架构设计。供应链筹划，并开始税务架构的设计。

4. 项目评估及决策

根据可行性研究报告内容，如果中企内部决定投资后，还需要进一步做好相应的评估，作出最终决策。相关建议如下：

（1）制定交易执行策略。综合考虑项目尽职调查工作发现、分析结果、融资需求等因素，并制定交易执行的策略，还需明确项目退出机制。

（2）商业谈判。明确谈判的要点，制定谈判策略和原则、交易保护条款；就项目运营控制权达成一致，明确公司的治理相关事宜。

（3）相关部门审批。开始境内审批流程（商务部、国家外汇管理局等）和境外审批流程。

（4）新建项目。工程项目策划、管理、协调，预计相关咨询服务。

（5）建立风险管理体系。制定海外风险管理的相关政策和流程，建立公司海外风险监控体系，包括境外投资项目风险跟踪与内部审计等内容。

（6）完善与优化海外运营体系。设计与优化海外控股公司的管理模式与组织架构，明确业务活动的职能与授权体系，挖掘境外业务的协同效应。

（7）运营效率提升、税务、审计相关工作。

①制定财务管理的目标与工作计划，建立与完善海外财务管控体系；

②税务合规、税务优化、税务争议解决、转让定价、应对海关质疑及合规性管理等；

③准则差异分析和准则转换规划、定期上报财务报表、海外业务专项检查或审计、海外业务升级和资产证券化相关审计；

④项目运营相关法务工作。

（8）人力资源管理相关工作。海外业务人力资源相关的管理工作，包括组织结构调整和岗位设计、能力评估、绩效考核和薪酬福利、个税申报、节税筹划。

二、第二阶段：建设准备

（一）对外承包工程资质及工程许可

1. 中国对外承包工程资质

现在我国对外承包工程的相关国家规定是《对外承包工程管理条例》（2017 年修订版）。修订版中将原来《对外承包工程管理条例》第二章“对外承包工程资格”全部删除。这意味着民营建筑企业与央企一样，不再受对外承包工程资质的限制。

根据 2017 年修订的《对外承包工程管理条例》第十六条规定，对外承包工程的单位与境外工程项目发包人订立合同后，应当及时向中国驻该工程项目所在国使（领）馆报告。

根据对外承包工程项目备案管理规定，在境外工程项目投（议）标前，中企需要向国内商务主管部门（中国驻老挝大使馆经商处）办理项目备案手续；在订立合同后，及时向中国驻老大使馆经商处报告。报告需书面提交项目具体信息，包括但不限于项目名称、金额、资金来源、业主、地点、签约日期、开工日期、工期、项目内容、中外员工数量等，并附《对外承包工程项目备案表》，对于未按规定进行报告的，记入负面清单。

2. 对外援助项目

对外援助是指使用政府对外援助资金向受援方提供经济、技术、物资、人才、管理等支持的活动。根据2015年通过的《对外援助项目实施企业资格认定办法（试行）》，商务部根据援外项目实施企业的不同类别，分别采用资格审查或资格招标方式进行援外项目实施企业资格认定。

援外项目实施企业类别包括：

（1）对外援助成套项目总承包企业和项目管理企业；

（2）对外援助物资项目总承包企业；

（3）对外技术援助项目实施单位；

（4）对外人力资源开发合作项目实施单位；

（5）对外援助项目咨询服务单位。

援外项目实施企业应具备以下基本资格条件：

（1）系依照中国法律在中国境内设立的法人；

（2）所有出资人均为中国投资者；

（3）前三个会计年度未出现亏损；

（4）前三年未受过刑事处罚、未因进行非法经营活动或违反有关援外管理规章受过行政处罚；

（5）依法纳税和缴纳社会保险费。

在满足基本资格条件的情况下，不同类别企业还需满足资质资格、业绩表现等方面的相应附加条件。经资格认定的援外项目实施企业可在相应的资格类别范围内承担援外项目具体实施任务。

中央企业和其他在国务院工商行政主管部门登记的企业直接向商务部提交申请，其他企业向所在地省级商务主管部门提交申请。企业向省级商务主管部门申请的，省级商务主管部门应当在收到企业提交的申请文件之日起五个工作日内完成初核，将企业申请文件连同初核意见一并报商务部审核。商务部应在收到企业提交的完备申请文件之日起二十个工作日内或收到省级商务主管部门初核意见之日起十五个工作日内完成审核，作出许可与否的决定。

准予许可的，商务部将颁发有效期为三年的许可文件。取得资格的企业需要延续资格许可有效期的，应当在有效期届满六十日前按规定向商务部或所在地省级商务主管部门提出申请。

3. **老挝工程承包资质**

在老挝承包重大工程项目，一般是通过项目业主向老挝总理府报批，获批后即可签订工程承包协议并进行施工。根据老挝法律规定，外国承包商在老挝承包工程需获得许可。任何有意投资老挝建筑行业的个人或组织，应按照《企业法》和《投资促进法》规定的程序向有关部门提出申请，经审议后获得相应投资许可。

老挝建筑行业业务类型可分为勘察设计、建材分析、工程咨询和工程承包四大类，其中每一类又根据项目规模、成本、技术和工艺要求、建筑材料和生命周期等分为不同等级。各等级的具体规定由相关部门衡量确定。

（二）工程项目招投标

老挝工程建设除了世界银行、亚洲开发银行等国际组织援助项目及部分国家投资项目实行严格招标制度外，其他项目一般采用与政府签订谅解备忘录的议标形式。

一般而言，招标项目在主要报刊上均会发布招标信息。国家筹资的项目由各主管部门发布信息；各省及主要城市也设有市政基础设施管理部门，负责发布本地区的发展战略与项目信息。

根据老挝《建筑法》，建筑施工企业参加投标，应当具备以下条件：

（1）公司依法成立；

（2）公司具备与各类型、规模和等级的建设项目相匹配的经验和实际工作成果；

（3）公司具备经银行认证的良好财务状况；

（4）公司拥有技术精湛、合格、经验丰富的建筑师和工程师，具备与各建设项目的规模和特点相适应的勘察、设计和施工监理知识；

（5）公司配备有足够的车辆、工具和质量良好的施工设备；

（6）公司定期、全面履行纳税义务；

（7）满足招标文件规定的其他条件。

（三）工程合同

合同是交易参与方之间权利、义务和责任及风险分配载体，是当事人之间的“法律”。境外商事主体，特别是欧美企业，都十分重视交易文件，特别是合同文件的起草和谈判工作，做到交易文件的严谨、规范，保护己方利益。相对说来，我国企业对于交易文件的设计和管理较为粗放，合理利益的争取力度不够，所面临的合同风险更大。

在签订合同的时候，如招标文件中没有相关约定，中企特别需要慎重考虑所签合同模板的选择。在国外签订工程建设合同，合同示范文本一般来自三个方面：第一，国际上的通用合同示范文本，如国际咨询工程师联合会（FIDIC）公布的合同；第二，中国自己的建设工程合同示范文本；第三，所在国的建筑工程合同示范文本。目前，老挝的国际工程承包领域已经越来越多地使用 FIDIC 合同示范文本。

近年来，到老挝投资的中资企业加快业务转型，除投资传统的水电站、输变电线路和路桥等项目外，还加大了以 BOT 方式对水电站、矿产、酒店等领域的投资。中老铁路、万万高速等重大项目的推进，进一步带动了工程承包市场的发展。

BOT 项目涉及多方参与者之间签订的多种合同，包括政府与项目公司之间，投资合作伙伴之间，投资商与金融机构之间，投资商与设计单位、施工单位之间等，如银行与项目公司的贷款合同和担保合同、政府对贷款银行的担保函、股东之间的合作合同和相关章程、项目公司和建筑承包商之间的建设工程合同、项目公司和维修运营商之间的运营维修合同、项目公司与保险公司之间的保险合同、项目公司和供应商之间的供货合同等。在各类合同中，投资者的风险贯穿了每一个条款、补充协议和每一份附件。因此，在合同谈判和签订阶段，投资者应认真审查合同文本，具体包括以下方面。

1. 合同的权利和义务范围

要确定双方的权利、义务、责任的重要依据，应当首先审核合同文件是否规定了明确的范围，注意合同双方责任范围之间的明确界限划分。

2. 合同的价款条款

应仔细审核合同价款的构成和计价货币，注意汇率风险和利率风险，以及双方对汇率风险和利率风险的分担办法。此外，应审核合同价款的分段支付和价款调整办法是否合理。

3. 合同约定的支付方式

应当重点审核资金的来源是否可靠，以及支付的方式和币种等。此外，如果是延期付款项目应当重点审核对延期付款提供什么样的保证，是否有所在国政府的主权担保、商业银行担保、银行备用信用证或者银行远期信用证，并注意审核相关文件的具体条款。

4. **违约和不可抗力情形**

可在合同中设定政府违约时须承担的违约责任，比如给予补偿、赔偿，延长特许期，给予税收等优惠政策。应注意违约责任条款的可操作性，比如在某些情形发生时（如特许经营权提前赎回、项目造价超过预算或概算、政府行为或法律变更导致项目终止或投资商无法获取预期收益等），由政府给予补偿和补贴。

投资商还应在合同中对不可抗力或意外事件发生时合同双方的责任义务承担进行明确约定，包括洪水、台风、地震等自然灾害以及战争、暴乱、恐袭等社会事件。

5. **对法律适用条款和争议解决条款的约定**

在老挝的投资项目所涉及的大多数法律适用属地法，但对于争议解决条款，最好不要约定老挝当地的仲裁、诉讼机构，而是选择国际仲裁解决争议，比如以联合国国际贸易法委员会仲裁规则解决争议，仲裁地点为新加坡。

6. **合同语言的规定**

通常规定协议以英文编写，并翻译成老挝文、中文。如三者出现矛盾，一般以英文版本为准。

点评：

中资企业赴老挝承包工程必须全面了解相关的法律法规，并要严格遵守。在实际操作过程中重视合同签订，明确双方的权利义务，工程建设的工作范围及标准、质量、工期、合同形式及货币、支付方式及付款条件、保函要求、误期罚款、性能指标罚款、税收、保险、设备材料的交货方式、劳务国籍限制、产品标准认证等重要条款，严格按合同条款办事。如对方违反合同条款，应利用相关法律法规维护自身合法利益。

在进行国际合同评审时，须组建专业的合同评审小组，从头到尾仔细审核合同所有的相关条款及所有附件，避免遗漏任何潜在的风险。尤其是大多数国际合同签订所使用的语言为业主所在国家的语言，尽可能用原合同版本语言进行逐条解析和评审，确认无误后再进行合同翻译。在聘请专业翻译公司或者专业翻译人员进行翻译时，必须配备懂专业的技术、法律等相关人员进行配合，不仅要避免在翻译过程中由于懂语言不懂技术产生较大的歧义，也要避免由于不同语种语言对于专业词语定义范围的不同而产生纠纷。

针对合同金额较大的国际EPC项目，各经营单位应合理评估自身管理水平，必要时可外聘具备充足海外经验的国内律所或项目所在国的当地律所，协助参与合同文本的评审，以提高评审效果。

（四）工程项目勘察设计

建设项目勘察是通过评估社会经济效益以及设计所需的自然和社会环境影响，收集制定技术经济研究的必要详细数据。

建设项目的设计是在调查数据分析的基础上制定符合技术标准的详细图纸，包括完整的建筑、工程和技术图纸，技术规格，成本估算和施工期限。老挝《建筑法》规定，所有的建设项目都必须具备勘察、设计和成本估算，但对于相关部门有具体规定的技术不复杂、成本低的小型项目除外。

建设工程勘察设计应遵循以下步骤：

（1）调查、收集和分析所有数据；

（2）初步设计和初步成本估算；

（3）基础设计；

（4）详细设计、工程造价估算。

建设工程勘察设计应体现以下要求：

（1）符合项目目标，如住宅建设项目应体现民族建筑特色，融合环境和自然景观；

（2）符合每个建筑项目类型的技术规范和技术标准，并促进当地材料的使用；

（3）为经济、社会、文化效益和人民群众福祉提供保障；

（4）确保对社会自然环境、公共财产、生命安全和个人财产的保护和保留。

建设项目的勘察设计文件必须包括完整的建筑、工程和技术图纸，技术规范，建筑材料清单，成本估算和施工进度表。

目前中资企业在老挝市场的业务以水电站、公路、铁路、市政等基础设施施工为主，合同模式多以 EPC（设计、采购、施工）、D+B（设计、施工）、施工总承包的模式出现。项目业主基本认可中国标准和国内大型综合设计院，但对设计院具体的资质要求要根据项目类别、工程规模及招标文件、合同文件等确定。

点评：

工程设计成果直接决定着项目约 80%的成本，而且设计又位于项目执行的最前沿，其重要意义不言而喻。伴随着我国企业逐步走向海外，企业自身设计管理存在的问题日益凸显，设计图审批往往会遇到技术标准不统一、设计理念不一致、计算参数选择理解不一样等诸多问题，必然会导致设计进度大大延误。设计管理在整个建设工程环节中起着至关重要的作用。

（五）工程技术标准

老挝建筑行业的技术规范和一般技术标准由公共工程和运输部会同相关部门共同审议并经政府委员会批准。但由于老挝目前主要由其他国家投资方进行工程建设，技术标准也主要采用投资方国家技术标准，如南俄五水电站、南康三水电站、南欧江梯级水电站、中老铁路等项目均采用中国技术标准。

为加强水电站建设的有效管理，老挝能源矿产部陆续发布了电力技术标准，详见表5-6。

表5-6 老挝电力技术标准清单

序号	质量管理标准名称	编号
1	Lao Electric Power Technical Standards	December 2018
2	Guideline on Operating and Managing Lao Electric Power Technical Standards	December 2018
3	Safety Rules for Operation and Maintenance	December 2018
4	Dam Safety Guidelines	December 2018
5	Environmental Guidelines for Biomass Removal from Hydropower Reservoirs in Lao PDR	August 2010
6	Step-by-Step Environmental Guidelines for Biomass Removal from Hydropower Reservoirs in Lao PDR	August 2010
7	Combined Guidelines	December 2018
8	Combined Safety Rules	December 2018
9	Dam Safety Guidelines-Documentation	December 2018
10	Dam Safety Guidelines-EAP	December 2018
11	Dam Safety Guidelines- Geological	December 2018

续 表

序号	质量管理标准名称	编号
12	Dam Safety Guidelines-Instrumentation	December 2018
13	Dam Safety Guidelines-Quality	December 2018
14	Dam Safety Guidelines-Reservoir Impoundment	December 2018
15	Dam Safety Guidelines-Surveillance	December 2018
16	Dam Safety Guidelines-Training	December 2018
17	EAP Guidelines for Dam Safety	2018
18	LEPTS	December 2018
19	Agreements LEPTS; BD TOR; DSL	2019

资料来源：在老中资企业提供。

点评：

老挝的建筑行业正在稳步增长，老挝建设工程质量检验检测有限公司（简称老检公司）应运而生，代表老挝政府建立工程技术标准并提供检测服务。

老检公司是由老挝工业与贸易部计量司与云南建投集团于2017年共同合作成立，并由云南建投集团下属的云南省海外投资公司管理和运营的中方独资公司。同时，老挝的工程质量检验检测中心也设在该公司。老检公司目前拥有的检测设备可以开展200多种检测业务，主要业务包括为道路、水利水电、市政、房屋建筑、桥梁等领域的工程建设项目提供检验检测服务等。

（六）项目用地

在老挝取得项目用地的方式有三种，第一是特许或租赁国有土地，第二是租赁老挝籍个人或法人拥有永久使用权的土地，第三是购买附期限的土地使用权。

根据老挝2009年《土地法实施政令》和2020年《土地法》，三种方式取得的土地面积和使用期限需要进行的审批见表5-7。

表5-7 以不同方式取得土地的情况及审批机关

取得方式	土地状况	土地面积	期限	审批机关
特许或租赁国有土地	退化土地	150公顷以下	不超过30年，可以延期	省自然资源与环境厅及相关主管部门
	退化土地	150公顷以上，15000公顷以下	30年到40年，可以延期	自然资源与环境部及相关主管部门
	退化土地	15000公顷以上	30年到40年，可以延期	国会
	贫瘠土地	500公顷以下	不超过40年，可以延期	省自然资源与环境厅及相关主管部门
	贫瘠土地	500公顷以上，30000公顷以下	40年到60年，可以延期	自然资源与环境部及相关主管部门
	贫瘠土地	30000公顷以上	40年到60年，可以延期	国会
租赁老挝籍个人或法人拥有永久使用权的土地	不区分土地状况	10公顷以下	不超过30年	不需要审批
		10公顷以上	不超过30年	省自然资源与环境厅及相关主管部门
购买附期限的土地使用权	不区分土地状况	150公顷以下	不超过50年	省级政府
		150公顷以上	不超过50年	中央政府

资料来源：2009年《土地法实施政令》、2020年《土地法》。

以特许方式或租赁方式取得国有土地的，投资者需要与自然资源与环境部或自然资源与环境厅签署专门的土地租赁协议，并取得自然资源与环境部或自然资源与环境厅颁发的国有土地使用权证。

以租赁方式取得老挝籍个人或法人拥有永久使用权的土地，投资者不需要与自然资源与环境厅签订土地租赁协议，但是需要与拥有土地的老挝籍个人或法人签订土地租赁协议。按照老挝法律，土地租赁协议经过办理村长见证、公证处公证、自然资源与环境局租赁登记三个程序，从而保证土地租赁协议的有效性和合法性。

以购买附期限土地使用权方式取得土地的，无论土地面积大小，投资者都须与老挝中央政府签署协议。

（七）建设设备及材料的采购运输

国际项目的物资管理包括采购、集港发运（报关）、国际物流及项目所在国清关、内陆运输、现场储管等一系列事务，是工程管理的重要组成部分，与工程项目建设全过程有着密切的联系。根据国内外工程项目合同价款构成分析，设备、材料在总合同价款中所占比例一般都将达到50%~60%，国际项目施工物资种类繁多、质量标准规范复杂，对成本和到场时间要求严格，且由于工程周期长、运输路途远，更见其物资管控的重要性。

1. 物资采购

采购工作要与设计紧密结合，确保选购产品的制造标准、材料标准符合设计要求，采购部门根据初步设计出具的图纸和技术资料等，可先咨询各类供应商、厂商，在满足物资技术质量安全可靠的同时，从经济角度对其进行优选，尤其是涉及定制的机械设备、电仪控制成套设备等，在其功能实现、品牌以及材料的选用上，提出合理化的建议，并将性价比高的物资的技术和验收等条件反馈给设计，进行深化融合，达到降本增效的目的。

鉴于老挝工业基础薄弱、物资相对匮乏的现状和特点，综合考虑物资单价、运输成本、税收等因素，策划好采购货物的来源和方式将会直接降低采购成本。以下是几种主要物资的采购策划：

（1）老挝国内钢铁厂产能低、规格少，不能满足建筑施工项目需求，钢材主要需从泰国、中国进口。对于项目所在地靠近中国边境的，一般考虑从中国进口；对于位于老挝中部及北部的项目，主要考虑从泰国廊开口岸进口，如在南部，则由泰国钟湄口岸进口。

（2）老挝本国的水泥工业较为发达，质量、产量均可满足各类工程施工要求。2018 年老挝成立了钢筋和水泥协会，该组织要求政府减少免税进口批文。在当地货源能满足要求的情况下，一般只限采购老挝生产的产品。当地水泥公司有老挝水泥公司、老挝水泥工业公司、拉邦水泥公司、老挝海螺水泥公司、万象红狮水泥公司、中亚玉溪水泥公司、老挝吉祥水泥有限公司等，产品均能满足质量要求。由于运距的关系，一般离项目较近的水泥公司有价格优势，可以进行正常的招标采购。

万象以北的地区建议把中国进口水泥纳入招标，万象中部及以南的地区建议把泰国进口水泥纳入招标（可根据项目是否享受相关免税优惠具体决定），可以联系代理商或直接联系水泥公司的销售部进行采购。对一些靠近中国、泰国及越南边境的项目，从周边国家进口水泥仍具有一定的价格优势。尤其在获得政府水泥免税指标的情况下，进口水泥更可减免 10%的进口增值税和 5%的进口关税，这就使得部分进口水泥价格优于老挝当地产水泥价格。故可根据水泥厂至项目的运距、进出口国的税收政策综合考虑选择在当地水泥厂采购或从中、泰、越进口。

（3）老挝本国不产燃油，燃油市场属政府重点管控市场，只允许有相应进口资质的公司进口，所以燃油只限于当地采购。老挝政府会每月发布各地市场燃油销售指导价，各燃油销售公司以该指导价作为燃油销售价格依据，故只能通过谈判选择可提供最优折扣的燃油销售公司采购燃油。需要油料时，可以直接和油料公司联系采购。

（4）老挝政府对民爆用品的使用进行严格管制，事先须向老挝国防部申请使用许可证，取得该证后方可购买。老挝寮云公司和康赛盈新有限公司为老挝境内具有生产和销售民爆用品资质的公司，价格由国防部统一规定。一般南部项目建议用康赛盈新有限公司，北部项目用老挝寮云公司。

2. 设备租赁

在老挝市场，常用的工程机械都可以租赁到，特殊的机械设备需要到邻近的中国或者泰国租赁，设备租赁价格（含操作人员工资）见表 5-8（每天 8 小时）。

表 5-8　2022 年部分设备租赁价格（含操作人员工资）

序号	名称	单位	单价（美元）	备注
1	挖机	月	6500	油料食宿甲方供
2	装载机	月	4600	油料食宿甲方供
3	自卸车	月	2600	油料食宿甲方供
4	压路机	月	5000	油料食宿甲方供
5	混凝土泵车（42m）	月	5000	油料食宿甲方供
6	推土机	月	5000	油料食宿甲方供
7	平地机	月	6500	油料食宿甲方供
8	混凝土罐车	月	4000	油料食宿甲方供

资料来源：在老中资企业提供。

3. **物流管理**

进口的设备物资要安全、快速、经济地运到老挝项目所在地，需要策划好相关的物流保障工作。策划时需要考虑的要素有运输方式、物流费用、清关代理的选择等。

（1）运输方式。

运输方式主要取决于所在国的交通条件。老挝为内陆国家，境内交通以南北向的 13 号公路为主干线，北部通中国云南磨憨口岸，南部通柬埔寨东罗老口岸及泰国钟湄口岸；境内中老铁路已通车，但是价格高昂并且会产生二次转运；虽有湄公河贯通老挝全境，但上下各河段多险滩与瀑布，需分段航行，不宜运输大量货物；离老挝最近的海运港口为泰国曼谷港（老港）和林查班港（新港），目前从世界各地以海运方式发往老挝的物资大部分选择从泰国的林查班港登陆，再以公路运输的方式运输至项目现场；空运航班主要直通中国、泰国、越南、柬埔寨、新加坡。故老挝对外运输的方式仅有陆路运输、海陆联运及空运三种方式，其中尤以陆路运输为主要方式。具体选择时需要综合考虑当地的道路条件、运输能力、运距、运费、运输时间、单件货物的最大重量和尺寸、季节等。

（2）物流费用。

老挝境内的物流费用主要包括清关费、运费、保险费等。全面掌握这些费用的基本情况，合理支付必要的费用，将会对节约物流成本起到很大的帮助。

①清关费：清关费主要有清关代理费、港口费、换单费、集装箱超期使用费、查验费及其他费用等。清关代理费按运输方式分为集装箱代理费、散杂货代理费、空运代理费，各种方式代理费收费标准不同。港口费用里，在目的港或海关堆场内的集装箱或散杂货 60 天之内

一般是不收仓库费的；使用集装箱运输时，在集装箱到口岸后的免租金期内是不再另外收取集装箱使用费的，只有超期才另行收费。所以，详细了解这些收费情况，可以避免缴纳一些不必要的费用。

②运费：老挝的陆路运输因受道路交通条件较差、运输车辆少及雨季大量持续降雨等因素影响，陆路运输单价约为中国的2~3倍；空运费用则差别不大。

③保险费：老挝的物流保险公司以外国保险公司为主，保险费约为中国的3倍，投保时按货物货值的110%计算，费率为0.35%左右。中国的保险公司保险费率一般为0.1%~0.15%，故应尽量从中国保险公司购买物流保险，以降低物流成本。

（3）清关代理选择。

货物在进入一国海关时须顺利完成申报、查验、征税等手续后才能被放行提货。因此，选择一个好的清关代理公司，既能帮助项目节省清关费用，又能帮助项目顺利通关，及时满足项目对货物的使用需求。

在老挝，清关公司必须具有老挝政府部门核发的营业执照、税务证明等资质。在选择清关代理公司时，可综合考察、比较代理公司是否具有合法资质、与海关的合作关系、能否妥善处理一些紧急事件、清关效率、价格是否合理、员工规模和素质以及可提供哪些附加服务等。目前，物流代理公司一般都已集通关、运输、保险、仓储等多种服务功能于一体，故综合考虑其各方面的实力，从中择优选取合作的代理，将会对清关和运输工作起到很大的帮助。

点评：

工程承包企业可以选择有经验的物流代理商委托办理物流策划，相关货代企业名录可在中国国际海运网查询。

（八）老挝工程成本

1. 公用事业价格

老挝城区的水、电、气供应基本有保障，其中，水、电价格实行梯度计价，工业用水、用电价格略高于民用价格，整体价格水平与周边国家相比有一定竞争优势。

2022 年，老挝公共工程和运输部指示供水供应商将供水成本设定为家庭平均收入的 3%~5%，并根据用水量制定不同费率。

2022 年，老挝居民用电价格见表 5-9。

表 5-9　2022 年老挝居民用电价格

用电量（千瓦时）	单价（基普/千瓦时）
0~25	355
26~150	422
151~300	815
301~400	898
401~500	984
500 以上	1019

资料来源：老挝电力公司（EDL）。

2022 年底，老挝普通汽油价格为 25210 基普/升，柴油价格为 20460 基普/升。

2. 土地价格

老挝政府规定农业用地租赁价格为每公顷每年 6~9 美元，但由于农业用地需求不断增长，在实际租赁过程中价格远高于此。

工业用地和其他建筑用地的价格相对更高。根据地理位置和周边基础设施配套的不同，工业用地和其他建筑用地的租赁价格可达到每公顷每年 1500~3000 美元不等。

3. **建筑成本**

老挝工业基础薄弱，当地的钢材（进口）、水泥等价格均高于中国。同时考虑到老挝 2022 年通货膨胀率居高不下，物价上涨较快，工程承包企业可视情况从中国或周边国家采购相关建筑物资。

三、第三阶段：建设实施

（一）获取施工许可证

包括小型维修工程和拆除活动在内的任何建设活动在开工前均需向相关政府部门申请施工许可证。其中对于总功能面积不超过 400 平方米且高度低于 10 米的建筑，由公共工程和运输部办公室负责审批；前述范围以外的建筑由省公共工程和运输厅负责审批。在收到任何个人或组织的申请后，如果申请符合规范，相关政府部门将在法律规定期限内颁发施工许可证。

申请施工许可证应满足以下条件：

· 已提交申请施工许可证所需的相关文件；

· 依据《土地法》及其他相关法律法规，持有土地使用权证或各建设用地土地使用权出让文件；

· 拥有经批准的建设勘察设计文件；

· 持有施工现场土方开挖或回填许可证。

此外，建设单位还应承担以下责任：

· 将实际开工日期通知有关部门；

· 在施工现场放置标有项目基本信息的标识；

· 依许可证承建；

· 向施工管理部门提供数据、信息和其他文件，以便在施工期间进行有效的监督和检查；

· 在施工结束后，根据合同、完整的技术图纸和相关文件，通知施工管理部门对工作进行进一步检查。

（二）劳动用工

随着中老合作的深化发展，越来越多的中资企业走进老挝，通过对老挝直接投资、贸易和工程承包等方式在老挝开展经营活动。人力资源是企业正常运转的基础，在老挝的中资企业应通过合法合规的方式聘用员工，并合理管控老挝用工过程中的法律风险。老挝中资企业的用工模式主要包括以下三种。

1. 由中国母公司向老挝子公司外派员工

由中国母公司招聘员工，且与其签订劳动合同。员工被外派至老挝子公司工作以后，在老挝当地提供劳动，接受老挝子公司的管理，薪资由中国母公司或老挝子公司发放。员工与中国母公司的劳动关系依然存续。

点评：

员工接受中国母公司的指派赴老挝子公司工作，仅仅是劳动关系中工作地点的变动，不影响劳动关系的存续。

对于对外承包工程项目的外派劳务，中国《对外承包工程项下外派劳务管理暂行办法》等法规作出了特别规定。根据相关规定，具有对外承包经营资格的企业向其在境外签约实施的承包工程项目派遣各类劳务人员，应当与外派人员签订劳动合同，所派各类劳务人员受雇于对外承包工程企业，而非外方雇主。这意味着对于对外承包工程项目的外派劳务，中国法律强制要求对外承包工程企业必须作为雇主与外派人员签订劳动合同，中国对外工程企业不能通过“劳务中介雇佣”“境外企业雇佣”等方式转嫁自身的雇主责任。

2. 通过符合资质的中国对外劳务合作企业向老挝企业输送员工

2012年8月1日施行的中国《对外劳务合作管理条例》规定，“国外的企业、机构或者个人不得在中国境内招收劳务人员赴国外工作”。老挝企业无权直接从中国境内招收劳务人员，并作为雇主与其签订劳动合同或劳务协议。对于有类似需求的老挝企业，必须与符合资质的中国对外劳务合作企业签订劳务合作合同，并通过中国对外劳务合作企业向老挝输送员工或劳务人员。

点评：

在老挝注册的企业在用工的过程中应当选择取得合法资质的机构作为对外劳务合作企业，签订劳务合作合同前应核实对外劳务合作企业的企业登记证书、对外劳务合作经营资格证书等证件，确认资质无误后才能与其签署劳务合作合同。根据中国《对外劳务合作管理条例》及《对外劳务合作经营资格管理办法》的规定，从事对外劳务合作的企业必须是在中国境内注册的企业，且须经商务部许可，依法取得对外劳务合作经营资格。

老挝企业与中国对外劳务合作企业之间的合作模式包括以下两种：

（1）老挝企业作为雇主。在该种模式下，中国对外劳务合作企业与在中国境内招收的劳务人员订立书面服务合同；老挝企业作为雇主与劳务人员签订劳动合同。

（2）中国对外劳务合作企业作为雇主。在该种模式下，中国对外劳务合作企业作为雇主先与劳务人员签订劳动合同，双方建立劳动关系；之后，对外劳务合作企业再将员工派遣到境外项目工作。

根据中国《对外劳务合作管理条例》的规定，对于以上两种合作模式，老挝公司均应按照规定与劳务服务合作公司签订书面劳务合作合同，且劳务合作合同应当至少载明以下事项：①劳务人员的工作内容、工作地点、工作时间和休息休假；②合同期限；③劳务人员的劳动报酬及其支付方式；④劳务人员社会保险费的缴纳；⑤劳务人员的劳动条件、劳动保护、职业培训和职业危害防护；⑥劳务人员的福利待遇和生活条件；⑦劳务人员在国外居留、工作许可等手续的办理；⑧劳务人员人身意外伤害保险的购买；⑨因国外雇主原因解除与劳务人员的合同对劳务人员的经济补偿；⑩发生突发事件对劳务人员的协助、救助和违约责任。

以上规定的立法目的既是保护劳务人员的合法权益，同时也促进外国雇主与对外劳务合作企业之间明确各自的责任与义务。

3. 在老挝当地招聘员工

在老挝中资企业可以充分利用老挝当地的劳务资源，招聘当地员工或劳务人员。在此种用工模式下，老挝企业在招聘、用工管理及解除劳动或劳务合同的过程中均应严格遵守老挝当地的法律规定，老挝企业与劳务人员之间的权利、义务和争议解决应当适用老挝当地的法律。

同时，为保证老挝本国公民就业需求，老挝政府对外籍劳工进入有严格规定。需要引进外籍劳务的企业和项目必须向老挝劳动与社会福利部申请引进外籍劳务指标。根据老挝劳动法律法规，外籍体力雇员不能超过全部老挝籍雇员总人数的15%，脑力雇员不能超过全部老挝籍雇员总人数的25%。对于大型项目、政府的优先项目，按照项目业主与政府签订的合同或政府的特殊法令执行。

（三）职业健康与安全

老挝法律规定了职业健康和安全标准，老挝劳动与社会福利部劳动管理司负责工作场所检查，但检查人员不足且执行力度较低。

根据老挝《劳动法》，员工人数在100人或以下的工作场所必须任命一名负责员工安全和健康的人员；员工人数超过100人的工作场所必须设立健康和安全部门或委员会。拥有至少50名员工的偏远工作场所必须雇佣一名医务人员；对于少于50名员工的工作场所必须配备急救箱和一名接受过急救培训的人员。

2019年2月，老挝通过了《劳动安全与卫生法令》。根据该法令，员工有权要求雇主确保自身的职业健康和安全，如果雇主未按照员工要求改善工作场所环境以达到职业健康和安全标准，员工可以向劳动管理机构提交请愿书进行干预。如果所从事的工作被认为是具有高风险或危险的，员工有权拒绝雇主分配的工作。该法令还赋予员工获得任何危险情况的信息或知识的权利，并应被告知可以避免危险或风险的预防措施。

（四）环境保护要求

1. 老挝环保相关要求

老挝注重环境保护，并逐步建立完善环评体系。在投资项目中，企业对生产经营可能产生的废气、废水及其他环境影响，要事先进行科学评估，在规划设计中选好解决方案。只有环境、生态问题解决好了，一个国家才能获得可持续发展，这也是中资企业应承担的责任。

在实施任何计划施工活动前，应告知有关当局（村长、区长）和受影响人群有关计划施工活动、施工现场和施工进度的信息。在进入任何村庄区域实施计划施工活动前，应告知村民并与其商议以下情况：

即将实施工程的性质，施工持续时间，村里将出现的尘土、烟或噪声的所有影响情况，将采取的缓解措施。同时听取村民的提问和所关心的问题。

对树木、林木、灌木、作物和其他植物的破坏程度不能超过合同约定的许可程度，并应采取必要措施，防止员工从事捕猎、捕鱼等活动，或是破坏树木、作物和相关法令保护的植物。

应控制工程产生的污染、噪声和损害情况。保持现场的自然植被，控制现场水土侵蚀。

应尽量保存自然资源，尽量减少占用空间、土壤和植被，并采取以下措施：尽量减少清理和清除地表覆盖物；控制伐木量，包括对任何树木的清除；妥善管理表层土；驾驶和操作过程中，严禁将污水、泥浆、水泥浆、沥青产品和其他任何类型的污染物排放或堆放至水井、钻孔、地表水或地下水、水层、天然溪流、水渠、水沟等地。

[案例 5-2]

某中资企业在矿产开发过程中，致力于将“绿色矿山”理念贯穿生产经营的每个环节。项目开始前，矿区对当地野生动植物栖息地和野生动植物可能受到的影响进行评估，制定保护计划。项目开始后，在开采、冶炼等各个环节注重落实专项保护措施，努力减少运营对生物多样性的影响。该企业还对矿区所在地区进行了调查，确定了在国际自然保护联盟名录的濒危物种，与野生动物保护协会共同开发了生物多样性实施计划，保护当地的苏拉、水獭、叶猴、鹰和长臂猿等珍稀物种。

2. 我国商务部和生态环境部对境外投资合作有关环保的指引

目前，规范我国海外投资环境保护的主要政策是由生态环境部和商务部在 2022 年 1 月联合发布的指导性文件《对外投资合作建设项目生态环境保护指南》。该文件对原有《对外投资合作环境保护指南》进行修订，旨在进一步做好对外投资建设项目生态环境保护工作，高质量推动对外投资项目建设。

《对外投资合作建设项目生态环境保护指南》（简称《指南》）在以下几方面进一步优化对外投资合作建设项目环境管理：一是进一步明确适用范围。《指南》适用于中国企业在境外开展投资建设的新建（含改建、扩建）类项目、收购并购类项目以及承包工程项目。上述类型的项目在开展生态环境管理工作时，均可参考《指南》。二是进一步丰富内涵。《指南》针对污染防治、应对气候变化、生态系统和生物多样性保护等多个领域提出对外投资合作建设项目工作指引。三是理顺项目全生命周期管理流程。根据项目投资建设前、施工期、运营期、关闭退出等主要环节，《指南》调整并补充完善了相关规定。四是进一步提高境外项目环境管理水平。《指南》鼓励项目采用国际通行标准或中国更严标准开展生态环境保护相关工作，并对企业提出完善内部环境管理体系、鼓励开展清洁生产、加强信息发布等要求，强调企业环境管理主体责任。

四、第四阶段：竣工验收

竣工验收是在分项、分部和单位工程验收完成的基础上进行的，是全面考核项目建设工作、检查是否符合设计及合同要求的必要环节。

（一）竣工验收准备

项目公司/项目部应与业主进行充分的沟通，明确项目验收要求，包括需要业主参与的验收项（如隐蔽工程等）及最终的移交标准等，并将相关要求准确反馈至各分包单位。项目公司/项目部须严格依据设计图纸和有关国家规范标准的要求执行分项、分部和单位工程验收。对于工程隐蔽部分和其他需要中间验收的部位，项目公司/项目部应通知监理在施工过程中进行验收，要注意验收前通知时限。提前通知监理，避开周末、节假日等不利因素。必要时须邀请业主参与相关验收，并对验收内容做好详细记录并签证。此验收记录应作为竣工技术文件的组成部分。

（二）竣工验收程序

1. 老挝当地投资项目

老挝当地工程项目的竣工验收一般分为临时竣工验收和最终竣工验收两个阶段。临时竣工验收是一个相对较长的过程，要分单位工程逐项验收、系统设备运行和性能考核验收、缺陷整改和再验收等，可能会持续几个月，甚至更长。简单的项目可以直接进入最终竣工验收。如果合同有规定的，按照合同规定执行。

（1）工程清理。

项目施工管理部门根据施工现场情况研究确定工地清理方案，制定《现场清理工作计划》，有序开展工程清理及剩余工作收尾、临时设施清理、设施设备及剩余材料清理、场地清理、道路清理、废物垃圾清理、现场周边设施清理恢复等工作。清理工作计划包括清理范围、清理内容、清理方法和达标标准。

现场清理工作由项目施工管理部门负责，根据《现场清理工作计划》安排制订每月作业计划，计划下达各工区（厂、队）或分包队伍，项目其他部门根据职责分工进行监督、指导。

各工区（厂、队）或分包队伍记好《施工日志》，并按要求向项目施工管理部门反馈工程清理情况，项目施工管理部门及时督促协调。

（2）竣工初验。

项目现场未完工程完成并验收合格后，即进入项目竣工初验。

申请竣工预验收前，项目经理应组织竣工初验。竣工初验应包括以下主要内容：

①检查竣工验收资料整理及归档情况。

②组织编制《项目竣工验收自查报告》。

③检查工程施工情况，评定工程项目施工质量等级。

④检查历次验收的遗留问题和工程初期运行所发现问题的处理情况。

⑤确定工程尾工内容及其完成期限和责任单位。

⑥对竣工预验收前应完成的工作作出安排。

⑦组织编制并讨论通过《项目竣工验收报告》。

项目经理应组织项目各部门、工区（厂、队）或分包队伍、主要设备制造（供应）商以及试运行管理单位等召开专题会议，对检查中发现的问题进行分解落实，并限期整改。

项目技术质量部门跟踪落实各项工作的整改情况，对整改完成的项目及时进行验收，直至全部合格。

项目初验合格后，项目施工管理部门向履约单位主管部门提交《项目竣工预验收申请报告》。

根据项目竣工验收的需要，项目经理部可以根据业主或合同要求委托具有相应资质的工程质量检测单位对工程质量进行抽样检测，工程质量抽样检测的项目、内容和数量应经业主或业主工程师核定。检测所需费用由项目经理部列支，质量不合格工程所发生的检测费用由责任工区（厂、队）或分包队伍承担。

(3) 竣工预验收。

履约单位项目主管部门收到项目经理部的《项目竣工预验收申请报告》后，履约单位应组织竣工预验收组对项目进行内部工程竣工预验收，竣工预验收组由履约单位总工程师或其指定人员负责，设计、质量监督、合同等相关部门人员参与工程预验收工作，项目经理部对竣工预验收中发现的问题及时进行整改。

项目竣工预验收应具备以下条件：

①合同范围内的工程项目和工作已按合同约定完成。

②项目经理部按规定进行初验，分部、单位工程质量全部合格，无质量隐患。设备调试、试运转满足设计要求。

③观测仪器和设备已测得初始值及施工期各项观测值。

④主要工程质量缺陷已按要求进行处理。

⑤主要工程完工结算已完成（除竣工节点结算外）。

⑥施工现场已经进行清理。

⑦需移交业主的档案资料已按要求整理完毕。

⑧合同约定的其他条件。

工程竣工预验收应包括以下主要内容：

①检查合同范围内工程项目和工作完成情况。

②检查施工现场清理情况。

③检查已投入使用工程运行情况。

④检查验收资料整理情况。

⑤鉴定工程施工质量。

⑥检查工程完工结算情况。

⑦检查历次验收遗留问题的处理情况。

⑧对验收中发现的问题提出处理意见。

⑨确定合同工程完工日期。

⑩审核《项目竣工验收报告》。

⑪编制并讨论通过《项目竣工预验收鉴定报告》。

针对一次竣工移交的项目，或对于分部分段移交的项目，首个分部或分段移交时，履约单位竣工预验收组可赴项目现场召开预验收专题会议，会议应包括以下主要内容和程序。

①现场检查工程建设情况及查阅有关资料。

②召开大会：

a. 宣布竣工预验收委员会委员名单；

b. 观看工程施工声像资料；

c. 听取《工程竣工验收报告》汇报并审议；

d. 听取预验收委员会确定的其他报告；

e. 讨论并通过《项目竣工预验收鉴定报告》；

f. 预验收委员会委员和项目经理部代表在竣工预验收鉴定书上签字。

项目施工管理部门组织对预验收中检查发现的问题及时整改，整改后由项目技术质量部门进行复查，复查合格后通知履约单位主管部门。

履约单位主管部门对整改情况认可后，由项目施工管理部门向业主提请验收，发出验收申请报告。

（4）临时竣工验收。

①发出临时竣工验收申请。履约单位对项目进行了预验收，签约单位认为项目已经完成了项目合同规定的全部工作并且不存在主要缺陷时，项目经理部门代表签约单位向业主按照合同规定的时间发出临时竣工验收申请。合同中无规定的，应提前 21 天将可以进行临时竣工

验收的日期通知业主咨询工程师。临时竣工验收申请报告内容包括验收范围、工程验收条件检查结果、建议验收时间等。

②制定临时验收工作计划。如果业主或业主咨询工程师同意进行临时竣工验收，则要与业主咨询工程师商定一个临时竣工验收工作计划，计划内容包括验收范围、验收依据、验收程序、参与人员、完成时间等。计划的制定可以对参与各方有时间上的约束，保证临时竣工验收能够预期完成。制订工作计划后，项目施工管理部门要注意对计划的执行情况进行跟踪和记录，如果屡次出现验收人员缺席或延误的情况，应以书面函件进行催促。

③现场验收。现场验收要坚持一次性提出问题原则，要求业主和业主咨询工程师一次性提出所有的保留意见，尽量避免不同人员反复验收、保留意见层出不穷的现象。

现场验收要坚持带缺陷完成临时竣工验收的原则，缺陷可以在缺陷通知期内继续整改。只要工程的各个部分能够基本保证正常运行和使用，项目经理部就应当坚持带缺陷完成临时竣工验收，或者可采用适当措施，阻止业主全面使用工程。

现场验收所有的保留意见都应一次性记录在验收清单上，并由双方签字。对于能够迅速消除的保留意见，项目经理部应立刻安排人员消除，并要求再验收，取消保留意见。

④技术培训。进入临时竣工验收阶段以后，项目总工程师应按照合同规定组织制定承包商拟提供的技术培训计划。项目经理部应将制订的培训计划与业主或业主咨询工程师进行讨论，在保证培训内容和培训时间不变的情况下，尽量考虑业主的需求。如果业主要求增加培训内容或培训时间，则应有书面记录，另外收费。

⑤工程移交。一般情况下，通过整体临时竣工验收后才能进行移

交。移交工作应由业主咨询工程师统一安排，有序进行。工程移交应包括工程实体、其他固定资产和工程档案资料等，应按照合同规定进行逐项清点，并办理移交手续。办理工程移交，应有完整的文字记录和双方项目经理或其指定人员签字。

对于合同规定业主有权进行部分使用的项目，可以逐步进行移交，但应澄清有关责任。如果合同没有规定业主有提前部分使用的权利，则项目经理部应及时通知签约单位和业主谈判，坚持按照首次移交和末次移交的中间时间来计算工程的临时验收时间，以提前开始计算缺陷通知期。如果合同规定业主有权提前部分使用，则在移交时应明确移交部分的责任，并签订移交协议书，以书面记录的方式确定下来。

⑥竣工资料移交。竣工资料主要包括两部分，竣工图和产品技术资料。项目总工程师按照合同要求组织整理后移交业主或业主工程师，并办理移交手续。

⑦备用件移交。若按合同条款向业主提供备用件，则项目经理部要进行此项工作。对于备用件的内容和数量应在充分熟悉合同条款的情况下，据理力争，尽量少提供或者有偿提供。对于业主要求的任何备用件，应分析是否有合同依据。

⑧其他根据合同规定需要履行的义务。在正式签署临时验收报告之前，如果业主提出一些要求，且这些要求是有合同根据的，项目经理部也应予以实施。

⑨签署临时竣工验收报告。根据合同完成以上工作内容后，项目经理部应要求业主签署项目整体的临时竣工验收报告并颁发临时验收证书。临时竣工验收报告要求业主、业主咨询工程师和项目经理或其指定人员三方共同签署。

（5）最终竣工验收。

在工程项目调试满足运行条件，进入商业运行期前，业主方牵头邀请建设主管部门及其他相关部门参与工程竣工验收，并对包括项目移交清单、设备清单、竣工图纸、试运行报告、项目完工验收证书、竣工档案等在内的文件资料进行审核。资料审核满足要求后，颁发工程完工证书。

[**案例** 5-3]

以老挝南欧江水电站项目为例，该工程在下闸库区蓄水、机组全部安装完成、调试运行、机组运行满足运行要求后，工程进入商业运行期前，业主方牵头邀请工程建设的主管部门老挝能源矿产部能源管理司，以及老挝工业与贸易部、老挝自然资源与环境保护部、电力部门等参与工程竣工验收。

老挝能源矿产部能源管理司验收主要是检查工程建设相关资料文件、现场工程建设完成情况、土建工程，以及机组、闸门等设备运行情况和设备运行的参数是否达到设备或机械运行要求，满足要求即到达工程完工要求。

自然资源与环境保护部主要针对水土保持、环境保护等进行验收，对施工使用的料场、渣场等临时用地进行检查，一般要求是种植植被，恢复植被覆盖。

2. 中国对外援助项目

企业承建的对外援助项目竣工验收除须满足老挝当地法律法规外，还应满足我国对外援助项目的相关管理规定。

竣工验收的依据包括：

（1）《对外援助成套项目管理办法（试行）》和《对外援助成套项目施工管理规定》的有关规定；

（2）对外援助成套项目施工技术资料管理办法；

（3）项目内部总承包合同和对外施工合同；

（4）招投标答疑、澄清和承诺文件；

（5）设计图纸文件、施工设计交底和会审记录、设计修改文件和相关资料；

（6）国家颁布的施工及检查规范、技术标准及工程质量检验评定标准；

（7）质量保证计划、项目技术组工作简报；

（8）项目其他相关资料和文件。

项目竣工验收完成之后还应当对项目档案资料进行留存归档。企业可以参照中国建设项目档案验收办法完成档案分类、组卷与验收，保留从项目提出、可研、立项、审批、勘察、设计、采购、施工、生产准备、生产考核到竣工投产等全过程形成的具有保存价值的各种形式的历史文件、记录、影像与图片。

（三）资金跨境结算

外国投资者若要将外汇汇至老挝境外，其外汇用途不得超出老挝人民民主共和国银行许可范围。其具体许可范围如下：

（1）结算外国进口商品；

（2）结算与商品进出口直接相关的服务，比如过境运输费，保险费，过境仓储费以及其他服务费用；

（3）清偿外国债务和商业信贷；

（4）根据政府决议对外国进行援助；

（5）将外国投资者的利润、股息、基金、利息，其他服务费用转出；

（6）将资金转入国外进行投资；

（7）在境外留学、旅游、访问和疗养；

（8）老挝人民民主共和国银行规定的其他情形。

在工程项目投资过程中，如因投资期限已过，部分或全部投资活动终止等原因需要把投资资金通过老挝境内商业银行转至老挝境外，还需提交以下资料：

（1）转至本国或第三国的申请书；

（2）老挝人民民主共和国银行出具的《资金入境证明》；

（3）老挝计划与投资部出具的关于不给予延长投资期限、终止部分或全部投资活动的《决议》或《通知》；

（4）工业与贸易部出具的清算证明。

点评：

对外承包工程企业相关国际收支申报应按照《国家外汇管理局关于印发〈通过银行进行国际收支统计申报业务指引（2019年版）〉的通知》相关规定办理。

五、第五阶段：投产运营

（一）项目运营

目前，在建设期，很多工程的运行管理方不参与或较少参与工程建设的实施过程，只在工程完工后由建设方整体移交管理方，导致“建”“管”分离，从而造成工程接管后设备投运初期工程设备设施的使用条件与用户要求存在差距，技术改造项目多、持续时间长、难度大，投入资金较多，影响设备运行可靠性和项目效益的发挥。

为避免以上不足，项目公司在建设过程中可委托运行维护承包商进入现场，参与包括合同执行、安装监理、现场调试、检验验收等在内的工程建设全过程的质量控制与管理，确保工程设备的移交平稳进行，并提前完成工程运行管理所需的技术转移，直至全部工程竣工移交投产。在建设阶段，运维人员应熟悉工程建设每一个阶段的任务和重点，尽早掌握工程技术信息，提前预判和分析。对于可能出现的问题，要在设计或施工准备阶段尽可能多地解决，使工程更符合安全运行的要求，最大限度地减少在运营期的改造活动，降低后期纠正成本。

此外，在运营阶段，还应完善操作规程，逐步建立运行管理制度、检修管理制度、安全管理制度、物资设备管理制度等各项制度规范，并严格执行。

（二）保修

在建项目竣工验收后，均应按规定对建筑物进行保修，地基基础工程和主体结构工程为设计文件规定的该工程的合理使用年限，屋面防水工程、卫生间、房间和外墙面防渗漏工程为五年，电气管线、给排水管道、设备安装和装修工程为二年。在保修期内，如出现施工质量问题，应及时组织人员对其进行免费维修。对其他原因需要修理的，提供有偿服务，保修期满后，将进行有偿维修。项目保修原则上应由原项目经理部主要管理人员参与或组织，保修时尽量利用邻近项目经理部资源。

（三）项目后评价

项目后评价阶段是指工程项目的后评价是工程项目竣工投产、生产运营一段时间后，对项目进行系统评价的一种技术经济活动。项目后评价内容主要包括：

（1）影响评价：对项目投产后各方面的影响进行评价；

（2）经济效益评价：对项目投资、国民经济效益、财务效益、技术进步和规模效益、可行性研究深度等进行评价；

（3）过程评价：对项目的立项决策、设计施工、竣工投产、生产运营等全过程进行评价。

国内项目后评价一般按三个层次组织实施，即项目法人的自我评价、项目所在行业评价和各级发展计划部门（或主要投资方）的评价。

企业在老挝投资项目首先应进行项目法人的自我评价，组织项目相关部门编写项目总结，从项目的前期准备到竣工验收，全面系统地总结各个阶段的实施过程，查找问题，分析原因；对项目的工程技术效果、财务效益、经济效益、环境影响、社会影响等进行分析评价，对照项目可研评估结论和主要指标找出变化与区别；对项目目标的实现程度及适应性、项目的持续发展能力及问题进行分析评估得出项目后评估结论，总结经验教训，提出对策。

六、在老挝开展工程的其他注意事项

（一）处理好与政府和国会的关系

中资企业要在老挝顺利开展业务，需处理好公司与政府以及国会的关系。关心政府的换届和国会选举，适时了解其政府的政治、经济政策走向，了解政府各部门特别是经济主管部门的相关职能。

（二）妥善处理与工商会的关系

老挝政府部门、执法部门和工商会、贸易促进会等社会中介组织都有一些公开承诺的政策法规、办事程序，但在实际操作中往往会出现差异和变化，要懂得和理解这一特点，既要学习和了解本土的惯例，更要通过交流和接触，了解实际操作流程。

老挝当地设有各个行业的商会和协会。中资企业要主动加入商会和协会，并争取在商会和协会中发挥积极作用，与当地的社会、市场形成和谐的互动。

（三）密切与当地居民的关系

中老两国有许多相同、相近之处，如同是共产党领导下的社会主义国家，同样实行改革（革新）开放的政策，同属发展中国家，发展进程中面临一些相同的热点、难点问题，又是友好邻邦，有许多共同语言。但两国也存在文化、发展层次、发展速度、思想观念上的差异。老挝多数国民信仰佛教，有着独特的文化习俗和禁忌。中资企业人员应尊重当地居民，多倾听他们的意见，耐心沟通，主动融入当地社会，积极创造和谐氛围，密切与当地居民的关系。

（四）尊重当地风俗习惯

老挝是佛教国家。僧侣有很高的社会地位，斋僧礼佛、出家为僧已成为社会生活习俗。老挝人相互见面习惯行双手合十礼，公务往来可行握手礼。对于女士一般不主动握手，只行合十礼。老挝人视头部为神圣之处，除父母、高僧、长者之外，他人不得触及（儿童亦如此），不得以身体的某个部位或物品掠过他人头顶。进入佛殿要脱鞋，忌大声喧哗，不能随便触摸佛像。女士不能触碰僧侣。

直接的语言交流是适应当地社会环境、建立和谐关系的基本要素之一。到老挝要适应当地环境，要充分利用周围环境，积极学习当地语言。与当地居民更多地交流、学习，消除误会，增进感情。

（五）承担必要的社会责任

目前老挝被联合国确定为最不发达国家之一，人民生活水平较低，各级官员和广大老百姓都有改变现状的强烈愿望，他们也很明白引进外资是改变落后的重要途径。因此，中资企业在老挝开展投资合作，既要努力发展业务，又要注意回报社会，承担必要的社会责任，积极开展公益事业与活动，以得到当地政府和社会的认可，营造和谐环境，实现长久发展。

自新冠疫情暴发以来，以老挝中国总商会、中老铁路项目、中国中铁、工商银行、云南建投为代表的在老中资机构为老挝捐款捐物，积极履行社会责任，获得老挝政府和社会各界的高度赞扬。

（六）懂得与媒体打交道

中资企业，尤其是商会，应懂得如何与媒体打交道，在平等、信任、尊重、真诚、坦荡的原则下，与媒体形成良性互动的和谐关系。老挝主流媒体主要包括国家电视台、老挝通讯社、人民报及万象时报等，均为政府主管及主导的媒体，可以利用上述媒体舆论正面宣传公司的互利共赢经营活动，扩大公司在老挝的影响力，广泛传播信息和知识，进而将公司的经营活动融入当地社会生活，形成和谐的生存环境。

（七）学会和执法人员打交道

警察、税务、海关、劳动及其他执法部门是维护老挝社会秩序的国家行政力量。对辖区内居民和外国人查验身份证件、询问相关事项及搜查某些地点，是老挝执法者的职责，中资企业相关人员要学会与这些执法者打交道，积极配合他们执行公务。

1. 普法教育

中资企业要建立依法经商的管理制度，遵守当地法律法规、风俗文化，让员工了解在老挝工作、生活必备的法律常识和应对措施，做到知法守法，合理应对。

2. 携带证件

中方人员出门或驾车，要随身携带身份证件、临时居住证、工作证及驾照等证件。

3. 配合查验

遇有执法人员检查身份证件，中方人员要礼貌地出示自己的证件，回答警察的问题；如果没有携带证件也不要惧怕，不要躲避，更不要逃跑，而要说明身份，或者给出联系电话，让公司派人联络。

4. 合理要求

遇到执法人员搜查公司或住所，应要求其出示证件和搜查证明，并主动向中国驻老挝使馆报告。遇有证件或财物被执法人员没收的情况发生，应要求执法人员保护中资企业的商业秘密并出具没收证件或财物的清单作为证据，记下执法人员的警号和车号，交罚款时需向警方索要罚款单据。

5. 理性应对

遇有执法人员对中国人员或企业不公正待遇，中资企业人员不要与执法者正面冲突，更不能触犯法律，而是要理性应对，做到有理、有利、有节，可通过正常渠道申诉，捍卫自己的合法权益。

（八）传播中国传统文化

中国传统文化以和为贵、包容含蓄、友善天下，是中资企业对外投资合作、融入当地的独特优势。同时，中国文化“走出去”也是提升中国“软实力”的重要途径，“走出去”企业既要有责任感也要有信心和能力在当地传播中国传统文化。一方面，中资企业在内部管理中，要学会在中国传统文化与当地文化之间展开文明对话与交流，特别是在员工内部要营造友善、包容、和谐的氛围；另一方面，在对外发展中，要利用公共外交平台，积极打造中资企业不与当地争利而与当地和谐相处的企业文化，以中资企业和中国人的文化魅力去发展业务、广交朋友，用行动传播中华文化。

（九）新冠疫情对当地中资企业的影响及防范

1. 疫情影响

2020 年初，新冠疫情席卷全球。3 月 24 日，老挝卫生部首次公布老挝确诊病例。截至 2022 年 11 月 8 日，老挝累计确诊 212083 例，死亡 663 人，约 589 万人接种了第一剂疫苗，522 万人接种第二剂疫苗。

老挝自 2020 年 3 月初陆续出台疫情防控措施，包括暂停对外派遣劳务人员、暂停举办大型活动、专线处理疫情信息、国际航班管控、强化出入境体温检测力度等。中资企业面临员工返岗、物资供应困难、跨境运输环节受控等问题，导致部分项目推进受阻。2022 年初，随着疫情情况好转，老挝逐步放宽相关限制措施，社会经济活动已逐步恢复正常。

2. 疫情风险防范

目前老挝疫情情况有所好转，相关限制措施也有所放宽，但企业仍应做好风险防控措施：

（1）中资企业应及时成立防控应急小组，明确防控措施，制定应急预案，切断输入风险源头。

（2）储备体温计、洗手液、消毒液等防疫物资，做好公共区域消毒工作，并适当储备药品。

（3）建议员工在公共场所佩戴口罩。

（4）可视情况采取远程办公等灵活办公方式，减少不必要的人员接触。

（5）严格遵守国内主管部门和当地政府要求的其他防控措施。

Chapter 6

第六章

老挝投资风险和机会分析

一、老挝整体营商环境

（一）整体营商环境分析

1. 各方评价

世界银行发布的《2020 年营商环境报告》显示，老挝营商环境在全球 190 个经济体中排名第 154 位。相较于周边的马来西亚（12）、泰国（21）、印度尼西亚（73）等国家，老挝排名比较靠后。

老挝多项指标排名在第 150 位之后，如开办企业（181）、保护少数投资者（179）、纳税（157）、执行合同（161）。其中，开办企业需 9 项手续，程序较繁杂，耗时较长；纳税人平均每年需工作 362 个小时以缴纳税负，时间成本较高；执行合同需花费 828 天，远高于区域平均水平。

世界经济论坛发布的《2019 年全球竞争力报告》显示，老挝在全球最具竞争力的 141 个国家和地区中，排名第 113 位。各细项排名分别为：机构和制度（119）、基础设施（93）、信息通信技术应用率（102）、宏观经济稳定（113）、卫生健康（109）、技能（104）、产品市场（77）、劳动力市场（87）、金融系统（97）、市场规模（102）、商业活力（137）、创新能力（119）。

世界知识产权组织发布的《2022 年全球创新指数报告》显示，老挝在全球 132 个经济体中排名第 112 位，在东南亚、东亚和大洋洲的 17 个经济体中排名第 16 位，在 36 个中低收入经济体中排名第 27 位。

联合国工业发展组织发布的《2022 年工业竞争力绩效报告》显示，老挝在全球 152 个经济体中排第 109 位。

联合国发展计划署发布的《2021 年人类发展报告》显示，在人类发展指数的排名中，老挝在全球 195 个经济体中位列第 140 位。

2. **营商环境优化举措**

（1）完善投资法规。

2016 年 11 月，老挝颁布实施新修订的《投资促进法》。修订后的《投资促进法》完善了投资促进政策、投资形式和种类、投资程序、土地特许经营管理费等内容，扩大了投资者特许权范围，以吸引外国企业赴老挝投资。

（2）提高营商便利度。

为实现营商便利指数争取进入前 100 名的目标，老挝政府在跨境贸易、开办企业和电力供应等方面采取了系列改革措施。

在跨境贸易方面，老挝政府通过简化通关程序、建立单一窗口海关系统，较大程度提高了跨境贸易效率。在开办企业方面，老挝取消部分手续，简化开办企业流程。在电力供应方面，老挝通过部署用于停电监测和恢复服务的自动监督控制和数据采集（SCADA）系统，提高了电力供应可靠性。

（3）设立“一站式”服务办公室。

2018 年 4 月，老挝计划与投资部设立“一站式”服务办公室，通过建立可检查、可追溯的投资审批机制，简化投资审批手续，协调国内各部门集中审批，为投资者打造方便快捷、公平公正的投资环境。

（二）经贸协定

1. 多边经贸协定

1997 年 7 月，老挝正式加入东盟，签署《东盟投资区框架协议》《东盟货物贸易协议》《东盟服务贸易框架协议》，并借助东盟与越南、中国、柬埔寨、缅甸、泰国、朝鲜、蒙古、马来西亚、俄罗斯、印度、白俄罗斯、阿根廷、科威特和土耳其等国缔结相关自贸协定。

2013 年，老挝加入世界贸易组织，成为世界贸易组织第 158 个成员，享受联合国给予的优惠市场准入和商品贸易优惠等特许权。

2020 年 11 月 15 日，东盟十国（新加坡、印尼、马来西亚、泰国、文莱、柬埔寨、老挝、缅甸、菲律宾和越南）以及中国、日本、韩国、澳大利亚、新西兰 15 个国家，正式签署《区域全面经济伙伴关系协定》（RCEP）。RCEP 的签署标志着当前世界上人口最多、经贸规模最大、最具发展潜力的自由贸易协定达成。

RCEP 共有 20 个章节，涵盖货物贸易、服务贸易、投资和自然人临时移动 4 方面的市场开放，并纳入知识产权、电子商务、竞争等议题，具有四大亮点：一是十年内域内 90%以上货物贸易最终实现零关税；二是作出高于各自“10+1”自贸协定水平的服务开放承诺；三是产品原产地价值成分可在区域内进行累积；四是采用负面清单方式对农林牧渔及制造业 5 个非服务业领域投资作出较高水平开放承诺，并增加投资透明度。

RCEP 的顺利签署，对增强各国疫后经济恢复、促进长期繁荣发展具有重要的推动作用。

2. 双边经贸协定

目前，全球 38 个国家和地区将老挝列为其普惠制（GSP）的受惠国，其中欧盟给予了最高层次优惠：对进入欧盟市场的所有老挝产品免关税和无配额限制。中国给予老挝特殊优惠关税待遇，对 459 种商品免除进口关税。

除中国外，印度、智利、蒙古、塔吉克斯坦、泰国、韩国、越南等国家也分别与老挝签订了特殊优惠关税协定。

点评：

老挝目前可以发出两种原产地证书，一是普通原产地证书，二是最惠国原产地证书。普通原产地证书不能获得进口国的优惠，仅证明出口产品在老挝生产。最惠国原产地证书是持证人可以获得进口国的优惠待遇。普通原产地证书由老挝国家工商联合会或各省工商联合会颁发，最惠国原产地证书由老挝工业与贸易部进出口司或各省工业与贸易厅颁发。

（三）外商投资情况

1. 贸易情况

（1）贸易规模：2021 年老挝外贸总额 135. 14 亿美元，同比增长 20. 5%。其中出口 76. 27 亿美元，增长 23. 1%，进口 58. 87 亿美元，增长 17. 4%，贸易顺差 17. 4 亿美元。

老挝近五年对外贸易数据见表 6-1。

表 6-1 2017—2021 年老挝对外贸易数据统计（单位：亿美元）

类别	2017 年	2018 年	2019 年	2020 年	2021 年
贸易总额	100. 7	112. 48	116. 24	112. 12	135. 14
出口	49. 10	54. 00	58. 27	61. 96	76. 27
进口	51. 60	58. 48	57. 97	50. 16	58. 87
贸易差额	-2. 5	-4. 48	0. 3	11. 8	17. 4

资料来源：老挝统计局。

（2）主要贸易伙伴：2021 年，老挝主要进口来源国为泰国、中国、越南、美国和瑞士，主要出口对象国为泰国、中国、越南、澳大利亚和柬埔寨。其中，泰国为老挝第一大贸易伙伴。2021 年，老挝对泰出口约27.85亿美元，占出口总额的36.5%，自泰进口约27.56亿美元，占进口总额的46.8%。老挝在东盟地区的贸易额占贸易总额的一半以上。

（3）贸易结构：老挝出口商品以矿产品、电力、农产品、手工业产品为主，主要进口工业品、加工制成品、建材、日用品及食品、家用电器等。

点评：

老挝工业与贸易部进出口司数据显示，2022年4月老挝外贸总额约9.5亿美元，其中出口4.24亿美元（不包含电力出口），进口约5.26亿美元，贸易逆差1.02亿美元。

主要出口价值包括黄金、金条等4500万美元、纸及纸制品2300万美元、铜矿石2200万美元、木浆和废纸2800万美元、橡胶2400万美元、木薯2200万美元、铁矿石2100万美元、香蕉2200万美元、服装1700万美元和化肥3900万美元。

主要进口价值包括车辆4100万美元、柴油6200万美元、机械设备4300万美元、木浆和废纸1600万美元、汽车零部件2300万美元、钢铁和钢制品1500万美元、塑料制品2600万美元、汽油1400万美元、纸和纸器皿1600万美元以及木材和木器皿1600万美元。

2. **吸收外资情况**

在实行开放政策之后，老挝政府在20世纪80年代中期开始鼓励私人投资，这使得私营部门在推动经济增长和国家发展方面发挥更大的作用。

据联合国贸发会议发布的2022年《世界投资报告》显示，截至2021年底，老挝吸收外资流量为10.72亿美元，吸收外资存量为

122.08 亿美元。截至 2021 年底，对外投资存量为 0.95 亿美元。近三年内老挝无对外投资流量。

中国是老挝外国直接投资最多的国家，此后是泰国、越南、韩国、法国、美国、日本、马来西亚、澳大利亚等。电力行业是老挝吸收外资最多的领域，其次是采矿业，其后是农业、制造业、服务业等领域。

（四）中老经贸关系

随着中老经贸合作的不断发展，中国已成为老挝重要的经贸合作伙伴。“一带一路”倡议与澜湄合作机制为中老经贸合作提供了广阔的空间。目前，中国是老挝第一大外资来源国和第二大贸易伙伴。

1. 中老经贸合作机制

（1）中国-老挝经贸合作委员会。

1997 年 6 月，为增进中老传统友谊以及经济、贸易和技术领域的合作，两国政府决定成立中国-老挝经贸合作委员会，旨在积极推动、指导和协调重大合作项目顺利实施，为投资者营造更加便利的投资环境。中国-老挝经贸合作委员会定期举行会议，就进一步深化双边经贸合作，推动解决存在的问题交换意见，为中老经贸关系发展提供良好保障。

（2）中国-东盟自由贸易区。

中国-东盟自由贸易区是中国对外商谈的第一个自贸区，于 2010 年全面建成，旨在促进中国与东盟各国之间的企业对话与合作、贸易与投资联系以及经济发展。在中国-东盟自贸协定框架下，中老两国于 2015 年取消所有正常类税目中的关税。

2019 年 8 月，《中华人民共和国与东南亚国家联盟关于修订〈中国-东盟全面经济合作框架协议〉及项下部分协议的议定书》全面生效，“中国-东盟自贸区升级版”正式推出，中国与东盟各国将在货物贸易、服务贸易、投资、经济技术合作等领域深化合作。

（3）澜沧江-湄公河合作机制。

2014年11月，在第17次中国-东盟领导人会议上，中国国务院总理李克强提出建立澜沧江-湄公河合作机制的重要倡议，旨在进一步深化中国与湄公河国家的全方位友好合作，提升区域整体发展水平。该合作机制的参与成员包括中国、柬埔寨、老挝、缅甸、泰国、越南六国。2019—2020年，由老挝担任澜湄合作轮值主席国。

澜湄合作建立了包括领导人会议、外长会、高官会和各领域工作组会等在内的多层次、宽领域合作架构，确立了“3+5合作框架”，即以政治安全、经济和可持续发展、社会人文为三大支柱，优先在互联互通、产能、跨境经济、水资源、农业和减贫领域开展合作。

（4）中国云南-老挝北部合作工作组机制。

2004年10月，在中老两国领导人倡议下，中国云南-老挝北部合作工作组正式成立。该合作机制创立以来，云南与老挝积极推进交通、通信等互联互通基础设施建设，双边合作从最初的边贸逐步拓展到金融、农林、科技、旅游、文化、边境管理和警务等领域，合作方式更加多元化、制度化。

（5）中老贸易投资协定。

自1988年中国与老挝签署《中老贸易协定》和《中老边境贸易的换文》以来，两国签署了多个贸易、投资相关的协定与协议。

2016年9月8日，中国与老挝签署《中华人民共和国和老挝人民民主共和国关于编制共同推进“一带一路”建设合作规划纲要的谅解备忘录》。双方商定，在两国《共同推进“一带一路”建设合作规划纲要》中纳入基础设施、农业、能力建设、产业集聚区、文化旅游、金融、商业与投资等合作领域，并围绕其开展合作。

2. **双边贸易**

中老经贸关系发展顺利，近年来，中老双边经贸合作不断深化，贸易额稳步增长。2021 年双边贸易额 43.5 亿美元，其中我方出口 16.7 亿美元，同比增长 11.9%，进口 26.8 亿美元，同比增长 28.2%。2022 年 1 至 4 月双边贸易额 18.3 亿美元，同比增长 19.4%，其中我方出口 6.6 亿美元，同比增长 11.8%，进口 11.7 亿美元，同比增长 24.3%。我方自老主要进口铜、木材、农产品等，主要出口汽车、摩托车、纺织品、钢材、电线电缆、通信设备、电器电子产品等。

中老近五年贸易情况见表 6-2。

表 6-2　2017—2021 年中老贸易情况（单位：亿美元）

年份	贸易总额		中国出口		中国进口	
	金额	同比（%）	金额	同比（%）	金额	同比（%）
2017	30.17	28.6	14.27	44.5	15.91	17.0
2018	34.75	14.9	14.55	2.5	20.20	25.8
2019	39.21	12.9	17.62	21.2	21.59	7.0
2020	35.58	-9.2	14.95	-15.2	20.63	-4.3
2021	43.45	21.4	16.69	11.9	26.77	28.2

资料来源：中国海关总署。

3. **中国对老投资**

中国位居老挝最大外资来源地。1989 至 2021 年，中国企业在老共投资 821 个项目，其中 2021 年共有 20 个项目投资超过 10 亿美元，对促进老挝经济社会发展、提高当地民众就业发挥了重要作用。

据中国商务部统计，2021 年中国对老挝直接投资流量 12.82 亿美元；截至2021年末，中国对老挝直接投资存量99.40亿美元（见表6-3）。老挝是中国对外直接投资存量前二十位的国家（地区）之一。

表6-3 2017—2021年中国对老挝直接投资情况（单位：亿美元）

项目	2017年	2018年	2019年	2020年	2021年
投资流量	12.20	12.42	11.49	14.54	12.82
投资存量（截至年末）	66.55	83.10	82.50	102.01	99.40

资料来源：中国商务部《2021年度中国对外直接投资统计公报》。

4. 援建工程

2021年中国政府援助老挝项目共有3个竣工，分别为老挝首都万象市中心城区点亮工程项目、东亚减贫示范合作技术援助项目和玛霍索医院一期项目；在建项目19个，包括玛霍索医院二期、老挝共青团活动中心、农村电子商务平台工程项目等。

5. 境外经贸合作区

（1）万象赛色塔综合开发区。

2012年7月11日，时任中国商务部部长陈德铭与老挝副总理宋沙瓦在北京签署《中华人民共和国政府和老挝人民民主共和国政府关于万象赛色塔综合开发区的协定》。赛色塔综合开发区位于老挝首都万象，距主城区东北17千米，开发区占地面积10平方千米。老挝万象赛色塔综合开发区是中老两国政府共同确定的国家间合作项目，是中国在老挝唯一的通过商务部、财政部确认考核的境外经贸合作区，列入中国“一带一路”战略规划中的早期收获项目。

开发区由云南省建设投资控股集团有限公司的海外投资平台云南省海外投资有限公司与老挝万象市政府共同出资组建的老中联合投资

有限公司负责运营。2018 年 8 月，由云南建投集团和招商局集团共同出资组建的老挝万象赛色塔运营管理有限公司正式在园区内揭牌运营，开始承担起开发区的运营和招商工作。开发区以生产制造业为主导、以房地产开发和综合服务业为支撑，以产城融合为目标，打造万象新城的核心区域。

（2）中老磨憨-磨丁经济合作区。

2015 年 8 月，中老双方签署《中老磨憨-磨丁经济合作区建设共同总体方案》。2016 年 4 月，该合作区正式获得国务院批复同意设立，成为中国西南方向建设的第一个跨境经济合作区。2017 年 3 月，在老挝总理通伦访华期间，中老双方在北京签订了《中老磨憨-磨丁经济合作区总体规划》。

该合作区是继中国与哈萨克斯坦霍尔果斯国际边境合作中心之后中国与毗邻国家建立的第二个跨国境的经济合作区。中方区域位于中国云南省西双版纳州磨憨镇内，老方区域位于老挝南塔省磨丁经济专区内。其中，老挝境内的磨丁开发区计划总投资约 100 亿美元，可自主开发建设面积为 16.4 平方千米，建设用地总面积为 750.06 公顷。城市建设用地主要分布在沿老昆曼路一带和磨丁湖以西区域，形成了沿新昆曼路的带状区域，北抵老挝国门，南延至老挝海关的经济带，串联了国际商业金融中心区、国际文化旅游度假区、国际教育医疗产业、国际保税物流加工园区和火车站综合体等磨丁经济核心区域，推动构建可持续发展社会环境。

点评：

据老挝《经济社会报》报道，截至2022年5月，磨憨-磨丁经济合作区已成功吸引国内外260家企业入园投资，注册金额超过150亿元人民币。

据合作区相关负责人介绍，磨憨-磨丁经济合作区已完成1131公顷土地平整工作，并将合作区分为3部分，分别为国际经贸和金融区（266公顷）、包含卫生、教育等方面的文化和旅游区（732.6公顷）和物流园区（133公顷）。

二、老挝投资风险分析

根据中国社科院世界经济与政治研究所、国家全球战略智库国际投资研究室最新发布的《中国海外投资国家风险评级报告（2022）》显示，老挝在114个经济体中排名第56位，评级为BBB，属于中等风险国家。

以下从政治风险、经济风险、法律风险、社会风险等方面对老挝投资风险进行分析。

（一）政治风险

所谓政治风险是指由于东道国国内政治、社会、法律等因素在国内或国际环境的影响下发生了难以预料的重大变动，从而导致投资国企业的利润或经营目标无法持续的可能性。对于该类风险，一般的防范措施为：特许权协议必须得到东道国政府的正式批准，并对项目付款义务提供担保；向国家出口信用保险公司投保政治保险。

1. 政治稳定性风险

老挝实行一党制，老挝人民革命党是老挝的执政党和唯一合法的政党，其宗旨是领导全国人民进行革新事业，建设和发展人民民主制度，建设和平、独立、民主、统一和繁荣的老挝，为逐步走上社会主义创造条件。自通过抗法、抗美斗争赢得独立以来，战争、革命、国有化征收、恐怖主义、分离主义这些剧烈的传统政治风险几乎都与老挝无涉，而在短期内发生政权颠覆、颜色革命、政局动荡和中老外交关系恶化等的可能性也比较小。预计老挝政局将长期保持稳定。

2. 腐败风险

老挝政府存在严重腐败、官僚主义、执政效率低下等问题，在透明国际出具的2021年腐败感知指数中，老挝在180个经济体中排名第128位。

老挝政府一直宣称严厉打击腐败，分别于1992年颁布了《反贪污腐败条例》，又于1999年、2005年颁布了《反腐法令》和《反腐败法》，2018年9月还因涉嫌腐败一举开除了财政部8名高官的公职。但受制于财政困难、法治缺失、社会文化对腐败容忍度高等深层原因，反腐工作依然收效甚微。2016—2020年受党纪处分党员达到3200人，但移送司法机关立案的不足百人。官方媒体也极少报道相关案例。

目前在老挝，贪污腐败和索贿受贿现象无处不在，在基层和地方尤为严重。小到通过边检海关，大到申请各种许可证和履行审批流程，坚持按正式制度办理往往意味着无限期拖延，许多外商投资者不得不进行寻租行为。非正式制度对投资造成的负面影响十分明显，隐性成本难以避免。

3. 执政能力低下风险

老挝政府行政体制不顺，机构臃肿，职能部门之间缺乏联系与配合。尽管为了便利外商投资者，老挝政府特别设置了“一站式”窗口服务部门，但其背后烦琐和效率低下的项目审批程序仍然是造成外商投资成本和风险增加的主要原因之一。而因其不具备良好的现代信息化办公能力，审批过程中甚至会出现重要文件材料丢失、错漏的情况。

[案例 6-1]

在中老铁路项目中，因沿线需要永久用地约 3000 公顷，临时用地 800 公顷，有 4411 户家庭受到影响，铁路建设牵涉大量的征地和补偿工作。早在 2016 年，中老双方共同开展的统计工作基本完成，我方提供的补偿款若能公正透明地如实发放，还将明显改善当地居民的生活水平。但直到 2018 年 3 月，补偿方案和细节仍待老挝政府审批。在各方的努力推动下，2018 年 5 月补偿工作才刚刚启动。期间暴露出中央政府与地方政府、地方政府与当地居民之间的沟通机制不畅、利益关系复杂，反映出政府治理水平的不足，这种情况直接拖累了项目的进度和效率。

4. 政府违约风险

从 2012 年起，老挝连年出现财政赤字，且规模逐渐增大，2020 年财政赤字占 GDP 比率达 5.22%。尽管 2021 年该比率有所下降，但到 2021 年底老挝公共和公共担保债务达到 145 亿美元，占 GDP 的比率高达 89%。且随着老挝货币在 2022 年大幅度贬值，预计其债务情况将进一步恶化。此外，老挝外汇储备较低，仅能支持数月进口需求，金融困难使得国有银行无力向企业提供贷款。预算赤字、内外负债已成为严重制约老挝政府履约能力的因素。

5. 地缘政治风险

除了国内政治环境以外，来自外部第三方势力的影响也需要得到重视。具体来说，日本一直将中南半岛视作对其具有重大战略利益的地区，并借助自身经济实力从 20 世纪 60 年代开始不断加强在该地区的影响力。自 1991 年起，日本外务省在政府开发援助中专设“湄公河地区开发项目”，逐渐加大对该区域国家进行经济援助的力度。日本还通过“新东京战略2015”援助老挝建设巴色-日本中小企业特别经济区，开展万象瓦岱机场扩建、9号公路升级和万象工业园区开发等项目。此外，日本还与泰、缅、越、老、柬五国政府通过签署“东京战略2018”，将日本同湄公河流域各国关系提升至战略合作伙伴关系，承诺继续推进高质量基础设施建设。

美国也未因越南战争失败而完全退出湄公河地区。“9·11”事件之后，美国与湄公河国家加强了反恐和安全合作，并发起“湄公河下游计划”，提议将密西西比河与湄公河结成姐妹河。同时，美国也多次与老挝举行“美国-老挝全面双边对话”并提供援助。而近年来，美国更是积极尝试将湄公河地区纳入“印太战略”，以制衡中国在该地区的影响力。

此外，印度、韩国、俄罗斯等域外国家也在该地区具有一定的影响力。但总体而言，这些国家对老挝的援助和经贸合作体量都远不及中国，政治影响力也相对有限，对老挝造成政治压力进而破坏中老合作的可能性较小。

（二）经济风险

经济风险主要指东道国的经济发展形势、利率、汇率、外汇可兑换性等经济要素发生变化，导致对投资产生不确定的影响。该类风险一般的防范措施为：项目融资全部以美元或人民币进行贷款，通过远期外汇买卖、外汇买卖掉期、货币期权等金融工具进行汇率风险的规避。

1. 经济发展风险

近年来，老挝经济社会发展取得令人瞩目的成就，“七五”期间（2011—2015年）年均经济增长率达到7.9%，2015年人均GDP达到

1970 美元，超出预期 270 美元，2016—2018 年经济增长率分别为 7.0%、6.9%和 6.2%，2019 年也达到 5.5%的水平。但 2020 年，受新冠疫情影响，老挝经济增长率大幅下滑，同比仅增长 0.5%。尽管在 2021 年和 2022 年老挝经济有所复苏，但尚未恢复至疫情前水平。

老挝经济快速发展主要依赖于基础设施建设，特别是交通、水电等大型投资项目拉动，这些大型投资项目的资金则主要依靠国外，国内工业基础薄弱、财政长期赤字的局面没有得到根本改善。政府公共债务率逐年攀升，远超国际警戒线指标。在全球经济低迷的背景下，一旦外国对老投资和无偿援助大幅减少，老挝经济发展将遭到严重冲击。老挝人民革命党坦陈，发展需求日益提高而国内资金、人才有限，债务高企而偿还能力不足、国内收入有限，是当前国家发展面临的两项重大挑战。

2. 汇兑限制风险

汇兑限制风险是指投资所在国政府禁止或限制投资者把当地货币兑换为投资者本国货币或其他可自由兑换货币并汇出投资所在国，导致外国投资者收到当地货币后无法兑换为国际流通货币或本币的风险。近年来老挝经济发展较快，特别是矿产和水电投资较多，未来出口带来的外汇储备增长和持续的外部援助使老挝近期内因发生债务危机或金融危机而采取汇兑限制的可能性较小。并且，考虑到老挝正在积极发展经济、吸引外商投资，为维护其投资环境，在其经济可以承受的范围内，一般不会对外资企业的汇兑进行长期禁止。因此，汇兑限制风险在老挝发生的可能性并不大。

但是，根据老挝外汇管理规定，自由汇兑在老挝并没有完全实现，而且汇兑审批等待时间长、不透明和不确定因素较多，因此风险依然存在。投资者还需特别注意的是，由于老挝的银行资本金不足，金融规模较小，外汇储备较少，对外支付能力有限，金融体系相对脆弱，因此，在对老挝进行商品出口时存在对方延期支付货款的风险。

3. **货币贬值风险**

企业在进行国际收支和外汇交易的过程中，往往因为汇率的变动而使其净额外汇的现金流量和本外币的利润等受到直接影响。而国际工程业务大多工期长、规模大，且多以外币结算。近几年，受新冠疫情及国际局势变动影响，全球经济发展波动较大，汇率波动幅度也较为明显，而汇率的变动导致的货币贬值能够直接构成企业经营利润的流失。近年来，老挝基普兑美元汇率波动较大。自 2019 年以来，基普兑美元汇率持续呈现下跌态势。2022 年，受美联储加息、国际大宗商品价格高企、政府外汇储备不足、偿债能力薄弱等因素影响，基普兑美元汇率贬值超过 50%。而从长远来看，外国投资的累积负债、薄弱的外汇储备以及脆弱的政府财政，都将使老挝在中短期内对全球金融体系的冲击特别敏感。

4. **通货膨胀风险**

通货膨胀是经济发展过程中很难避免的，大多数国家都有此风险。但是如果通货膨胀的速度超出投资者的可预见范围，材料、设备价格上涨将给投资者造成严重的经济损失。因此，面对持续周期较长的投资项目，东道国通货膨胀情况是很重要的考量因素。

老挝的通货膨胀率在 2017 至 2020 年间从 0. 8%逐步上升至 5. 1%。2021 年受国内食品价格下跌影响，老挝通胀率下降至 3. 8%。但自 2022 年以来，老挝通胀率持续上升，从 1 月的 6. 25%上升至 11 月的 38. 46%，为 20 年来最高水平。通胀率居高不下主要原因包括国际油价上升、疫情导致物资供应短缺、黄金价格上涨以及老挝基普持续贬值等。据国际货币基金组织预测，老挝 2022 年全年通胀率将陡升至

15%，自 2023 年开始逐步下降，但仍将保持在高位。

5. 融资风险

近年来国外企业在老挝投资的领域多以矿产、水电项目等为主，资金需求量非常大，因此投资项目的融资风险应该是投资者在评估老挝投资环境时的考虑重点之一。所谓融资风险，是指由于外部或内部的原因导致项目资金无法满足或项目无法偿还融资者本金和利息的风险。由于老挝本国银行存款有限，放贷能力不足，而且我国银行对境外项目放贷审批程序较多，因此对外投资企业往往难以获得老挝本地银行和我国银行的信贷支持。目前，在老挝投资项目的融资常常采用股权与债务两种方式。

（1）股权融资。

以老挝电力项目为例，股权融资比例一般占到资金总额的 30%，这一部分资金往往都是由投资者来承担筹集。而且老挝投资法规定外商投资者必须要在老挝国内寻找一个合作方来共同投资，并且老挝政府需要占一定的干股（不出资但占一定的股比）。这样的股权融资方式可能会给外国投资者带来两方面的风险。其一，老挝国内合作方的实力参差不齐、鱼龙混杂。项目合作方通常由老挝政府来指定。如果投资者没有对该企业进行详尽的资信评估或者因为缺乏调研手段和途径而根本没有进行评估的话，那么很有可能出现事先已做约定，但是当签订股东协议时无法落实股东投资的风险。其二，老挝政府要求在投资项目中占一定比例干股，这不仅使投资者的预期收益减少，而且在实践中干股往往全部由外国投资者承担，而老挝合作企业不会承担干股。这种明显有失公允的做法会严重影响到股东的出资。

（2）债权融资。

一般情况下，项目资金是通过老挝银行等金融机构的项目融资方式取得。银行所提供的项目融资一般为无追索权或有限追索权，即贷款方无权向项目的任何承办方（项目公司的股东或政府）追索债务的偿还，索赔权仅限于项目公司及其财产，包括厂房、设备以及项目公司得到的任何权利、履约保证金、保险金等。也就是说，一旦项目出现问题，项目公司的债务不能由主办者的其他资产来偿还，只能以项目本身的收入和权益来偿还，因此在老挝进行大型项目投资的贷款会承担非常大的风险，进一步增加了在老挝获得项目融资的难度。

（三）法律风险

法律风险主要指涉及土地法、税法、劳动法、环保法、合同法、招标投标法等法律法规的更改和变化所引起的项目成本增加或收入减少等风险。可能的防范措施如：明确因违约、歧义、争端的仲裁在双方都认可的第三国进行。

1. 法律体系不健全风险

近年来，老挝法律体系建设取得了显著成效，但仍有待进一步完善。老挝的法律框架是以法国等国的法律体系为基础，结合本国传统习俗、具体法治实践和社会主义制度建设逐步发展起来的。随着老挝革新开放步伐的加快，现有的法律与当前老挝经济社会文化的发展实际不相匹配，跟不上经济社会发展需要，无法可依的现象依然存在。

老挝现行投资法律体系也尚未完备，经常出现相关法律法规定义不尽统一，甚至相互矛盾的情况。比如在老挝新版的《投资促进法》中关于对外国投资者进行税收免征和降低进口关税的规定，并没有反映到税法里。立法内容的不协调和冲突、抵触，给很多中资企业带来困惑与不便。老挝在电力、通信、农业等行业至今仍缺乏行之有效的具体法规来鼓励外国投资。

法律人才的短缺同样给老挝法律体系建设带来挑战。当前，老挝法律人才队伍建设总体滞后，尚不能满足老挝当前政治经济发展和法治建设的需要。

2. **随意执法风险**

老挝司法独立性有限，法律体系中存在官僚腐败和政治干预等不足，行政部门存在官僚作风和贪腐现象。同时，法律具体执行方式和条款的解释也存在较大问题，这些问题在经贸投资领域尤为突出，致使投资者很难准确把握和预测政府和法律部门对法律条款的解释和应用，这也为法律合同的执行带来不确定性。

此外，老挝的违法成本较低，对违法者的惩戒不足，很多违法者不畏惧司法行动，甚至不断违法，进而造成执法困难。法律的执行情况缺乏保障、透明度低，劳资纠纷等常见问题难以真正通过司法途径解决，这些都为执法的随意性留下了空间。

点评：

尽管老挝政府的政策不够连续，执法具有一定的随意性，但有少数中国企业的确在老从事虚假投标、涉嫌洗钱等违法犯罪活动，我国政府应率先对此类现象加强监管，而其他企业也需要注意规范自身行为，尽量避免授人以柄。其中，中小企业要注重扎根当地、诚信经营树立口碑，为中老合作贡献正能量；承建重点项目的大型国企更有义务对准更高要求，并大力宣传自身的技术标准、环保成绩和社会贡献，推动中国质量在国际上形成品牌。

3. **法律差异风险**

由于经济社会发展水平不同步等原因，中国和老挝在法律体系、投资法律制度等方面存在较大差异。在不能充分掌握老挝法律政策，以及该国法律可能受政治经济环境影响发生变化的情况下，投资具有一定的法律风险。此外，老挝各个地区的地方性法规也不尽相同，这就可能造成某项目在甲地是合法的，而在乙地可能不符合当地法律要求，进一步增加企业风险。

4. **税收法律风险**

老挝税务隐性成本较高，税收风险较大。老挝税法规定，所有境外承包商及分包商在老挝从事商业活动前都必须取得纳税证明。然而在实际操作中，中资企业无法自行申请该项证明，相关申请必须通过老挝当地的代理机构代为提交，由此增加了税务成本。

尽管中国与老挝签订了避免双重征税的协定，但老挝国内没有明确规定当税收协定与国内法规发生冲突时，是否可优先执行税收协定条款。针对该种情况，老挝税务机关在实际操作中拥有较大的自主决定权，中资企业仍然面临承担较大税务隐性成本的风险。

点评：

中资企业在老挝进行跨国投资之前，应做好相应的市场调研，对老挝的具体税收法律法规、政策等进行充分的调查与研究，并结合企业自身的发展方向进行初步的税务规划。投资者可以适当地寻求中国政府的帮助，尤其是在企业投资和经营决策初期，通过合法途径获取老挝的相关税收规定和政策。

此外，投资者还应与老挝的税务当局进行必要的沟通和交流，就企业在老挝进行投资的一些税务风险的处理与老挝当局进行沟通协商，尽量降低税务风险。

5. **边境贸易法律风险**

老挝是东盟唯一一个内陆国，公路运输是老挝主要的运输方式。老挝与中国、泰国、缅甸、柬埔寨、越南接壤，与这些国家大量的贸易往来都是通过边境陆路运输完成。因此边境贸易及过境运输是老挝对外贸易的特点之一，也是进出口管理的重点。目前老挝关于边境贸易的管理分散而凌乱。为便利各国边境往来，老挝、泰国和越南于1999年11月26日达成《老挝人民民主共和国政府、泰王国政府和越南社会主义共和国政府便利货物及人员跨境运输协定》，随后缅甸、中国和柬埔寨也加入该条约。该条约是六国关于跨境运输管理主要的法律渊源。虽然该条约对跨境手续、运输车辆、通关制度、交通规则、道路和桥梁建设、运输合同、跨境运输经营资质、过境费、配套设施与服务等作了规定，但由于国际条约难以直接适用于一国经济管理，因而需要国内立法加以衔接。目前在老挝边境贸易领域，尚无一部统一法律加以规范，这也直接导致各边境出入口的规定不统一。

（四）社会风险

社会风险主要指所在国的社会文化环境、基础设施建设、治安安全、医疗卫生等可能给企业和个人带来财产及人身方面损害的影响因素。这类风险一般的防范措施为：尊重当地风俗习惯，密切与当地居民的关系，做好安保防范措施以及相关风险识别和规划。

1. 基础设施风险

老挝是一个传统农业国家，生产力落后，国家的工业化水平很低，国家大部分人口依然没有从低效简单的农业劳动中摆脱出来。另外，在老挝，由于经济水平差，导致政府没有过多资金建设基础设施，除万象等部分发达地区外，老挝大部分地区水、电、交通配套设施不完善，这些条件制约和降低了外资企业进入老挝的机会。

2. 社会安全风险

老挝国家安全总体稳定，执政党地位稳固，政局稳定，发生战争与武装冲突的风险较低。社会治安状况总体良好，恐怖主义威胁较低。

但在偏远少数民族地区偶发民族问题，曾出现过针对老挝政府的小规模袭击事件，加之经济发展不均衡，导致老挝社会暴力事件有所增加。针对外国投资企业的盗窃、抢劫等事件也时有发生，为投资者带来经济损失与安全问题。

点评：

中国商务部对外投资和经济合作司发布的《境外中资企业机构和人员安全管理指南》为境外企业和对外投资的安全保护工作提供了全面的指导。

3. **用工风险**

中老两国尚未签署劳务合作协议，因此在会计、律师、特种劳务等项目中，没有进行劳务合作业务。对于中资对外工程承包企业而言，考虑到文化差异、技术水平和管理水平差异，海外工程项目所需劳动力大多由国内引进。但从老挝当地政策规定、外派名额、成本控制、人员调配等综合考虑，仍需要大量引进当地劳工，控制国内员工外派数量。由于对老挝市场不甚了解，对当地思维方式、法律法规、历史文化、风俗习惯、沟通方式等缺乏客观认识，容易造成一系列外籍劳工管理困难或问题。

市场信息不对称，用工渠道狭窄。中资企业在进入老挝市场初期，由于对老挝市场不甚了解，加之该国缺乏成熟的市场条件和劳务公司，导致企业用工渠道不通畅，劳动单价相对较高。

中老劳工管理方式存在矛盾。中国在老挝工程建设项目经常存在工期紧、任务重等特点，所面临的加班加点、临时性任务比较频繁。中国工人时间观念紧、纪律观念强，而老挝人多工作散漫、效率低下，影响工程施工生产任务。

中老劳工沟通存在困难。由于老挝语属于小语种，而大部分中国人只熟悉英语，施工现场可能面临翻译能力不足，从而造成一系列交流和管理问题。因国别限制，现场管理人员与外籍劳工只存在工作安排关系，很难进行语言沟通及情感交流，现场管理人员对老挝人的管理力度有限，过度依赖翻译力量，对老挝人管理存在“找不到”“喊不动”等情况。同时，由于文化教育落后，许多老挝人不懂文字，在人员报到登记、安全技术交底、规章制度传达等工作方面也存在相应困难。

点评：

海外项目的挑战除当地经济、自然等环境外，更多地来源于社会、文化背景。因此，在公司外派人员时，应优先选用拥有海外项目工作经验的人员。此外，在施工调查期间，公司相关部门要参与了解当地市场条件、法律法规、社会环境、风土人情等，对计划外派人员进行行前教育培训。企业还应在老挝实行本土化管理，通过培养选拔优秀的老挝管理人员等途径，实现“以外管外”。

4. **社会舆论风险**

老挝的新闻媒体主要为官方背景，其中除了偶有对中国企业在环境污染和用工纠纷等方面的报道之外，鲜见对中国的负面宣传。老挝当地媒体人和歌手还创作过以欢迎“一带一路”为主题的流行歌曲，获得了中老各界的良好反响。与邻国不同，在老挝，华人占总人口的比例较小，老挝民间也没有排华传统，但“中国威胁论”的影响很难完全消除，老挝政府与民间仍有一部分人对来自中国的投资持有一定的防备心理。

此外，国际非政府组织在老挝的活动日益活跃，部分组织通过操作环保、人权、劳工等议题，放大某些集团的利益诉求，以西方国家标准为准则，塑造民众认知并动员社会力量，对中国投资项目和中国企业形象进行歪曲和抹黑，致使老挝政府在制定政策和开展具体项目时不得不将非政府组织的影响纳入考虑。

点评：

在中老合作中，我们既要保持密切的高层交往，继续为老挝政府各级官员提供来华培训、参观的机会，也要加强与老挝社会各界的团结，维持同宗教界的良好关系，适应文化习俗，以慈善救济等形式承担社会责任，特别是增加对教育这一薄弱领域的支持力度，继续提供在汉语教育和来华留学等方面的优惠政策，加强人文交流与社会交往纽带，巩固老挝对华友好的社会基础和话语阵地。

5. **竞争风险**

进入 21 世纪以来，一些有实力的中资企业开始增加在老挝的投资，并逐渐在业务上转型，即除承揽水电站、输变电线路、路桥、体育场馆等基础设施项目外，开始涉足以 BOT 方式投资水电站、矿产、酒店等项目，有力地带动了工程承包市场的发展。

由于老挝市场容量小，工程建设项目主要依靠外援，或由外商以 BOT 方式承建，所以竞争十分激烈。在承包工程市场上有中国、越南、泰国、日本、韩国、意大利等国的施工企业，其中以中国、越南和泰国的企业为主开展竞争，争夺市场。中方有成本和技术优势，越南有与老挝特殊的政治利益关系优势，泰国则有地缘、人文及经济优势。近年来，我国一些企业为了能在老挝市场立足，愿以微利甚至亏本的代价来竞标承揽工程；还存在个别企业对中老铁路、老挝中部铁路等项目进行投机炒作的情况，这也给投资企业自身带来了不小的财务风险。

6. 管理风险

管理风险是指在外中资企业因自身管理上的疏忽而导致的风险。在国外开展工程，容易在管理过程中出现水土不服、难以适应的问题。在境外常见的管理风险有：

（1）对所在国的法律法规不熟悉导致的风险。如在税法方面：在合同中遗漏或不完全考虑当地税法，直接导致利润流失。在海关条例方面：违反海关条例直接导致进出口时间延迟或被处以罚款。在劳工法方面：对当地劳工法不明导致工作安排不能及时落实，影响项目进度，或由于违反劳工法被起诉。在环境保护法方面：中资企业排放污染物的报道偶见报端。其他的诸如所在国环境法、专利法、合同法和建筑法等。

（2）自身管理制度、程序不到位。如沿用在国内的常见做法，程序不合规使工程实施过程中出现错漏、协调困难等风险。

点评：

随着国际招标工程项目不断增多，相关工程管理人员具备了丰富的项目操作经验，尤其是国企、央企培养了一大批海外工程管理和运营人员。但是，部分中资企业因规模或是出于节省成本的目的，任用内部非工程项目管理专业的员工负责海外项目，这反而可能导致项目可行性降低和成本与风险升高。

7. 技术风险

技术风险指工程项目所在地的自然条件勘查不力和工程实施的技术难度等给承包商带来的风险。技术风险主要包括以下几种情况：

（1）前期工程资料不准确。前期施工资料，如水文地理等是由业主提供的，而业主给的资料可能存在不详尽、不准确情况。中资企业在境外施工，对老挝的经验不丰富，缺乏相应的了解，前期核实和准备不足导致返工风险。

（2）技术规范不熟悉。如中资企业对当地技术规范不了解；或进入陌生的领域承包工程，对该领域的技术规范不熟悉；或是需要采用新的施工方法和工艺，没有适用的技术规范。

三、老挝未来发展预测与投资机会分析

（一）政治前景

2021 年，老挝人民革命党召开十一大及二中、三中全会，选举产生了第九届国会并召开一次会议和二次会议，全国 18 个省市选举产生了第二届省（直辖市）级人民议会，选举产生了第九届政府，新一届党和政府在疫情背景下集中精力解决财经困难与毒品问题。

老挝人民革命党第十一次全国代表大会以“提高党的领导能力，加强全民团结，确保政局稳定，深化落实革新路线，大力推动经济社会向高质量发展转变，提高人民生活质量，继续带领国家摆脱欠发达国家状况并向社会主义目标迈进”为主题，在总结贯彻落实十大以来的成就和经验的基础上，听取了第九个五年经济社会发展规划（2021—2025 年）（简称“九五”规划）草案，审议并修改了党的章程，选举产生了新一届中央领导机构。在政治上，提出“要继续全面开展有原则的革新路线，继续完善人民民主制度，实现强健、深刻和全面转变，向社会主义目标迈进”。经济上，提出“九五”规划及其奋斗目标：一是国民经济持续、高质、稳定、可持续发展，未来 5 年实现经济年均增长 4% 以上，到 2025 年人均年收入达到 2887 美元；二是开发可以满足发展需要、具备研究和运用科技能力的高素质

人才资源，提升生产和服务的效率和附加值；三是逐步提高人民物质和精神生活水平；四是保护环境，维护生态平衡，降低自然灾害风险；五是强化基础设施建设，利用国家地理优势和发展机遇，积极融入地区和国际加强合作与互联互通的进程；六是严格按照法治国家建设方针，实现国家高效治理，确保社会公平公正。在外交上，提出“继续坚持和平、独立、友好与发展合作的外交路线，以预防性外交为重要指导方针，在坚持互相尊重独立与主权、共赢的基础上，继续扩大国与国之间、党与党之间的多方向、多方面、多形式、多层次的交往合作”。

从总体来看，老挝人民革命党实现了中央领导层的平稳过渡，内政外交的相关路线方针将会延续和发展。

（二）经济预测

在全球经济环境恶化和国内改革缓慢的背景下，老挝经济面临货币大幅贬值和高通胀的挑战。尽管2022年初经济出现复苏迹象，但此后国内外环境明显恶化。2022年全年，基普兑美元贬值超过50%，破坏了经济复苏并助长了通胀，并进一步抑制私人消费和投资。世界银行已将其对老挝2022年的经济增长预测下调至2.5%，低于此前预测的3.8%。

老挝的就业人数到2022年年中有所增加，但国民收入跟不上通货膨胀的步伐。到2022年10月，消费者价格同比涨幅已升至37%，其中食品价格涨幅接近39%。这对于贫困群体的影响尤其严重，一些家庭被迫减少食物和燃料的消耗，还有2/3的家庭表示在健康和教育方面的支出有所减少，预计这将对老挝的长期发展产生影响。

支持经济复苏和弱势群体的财政选择仍然有限。老挝的国内收入已逐渐恢复，但仍低于新冠疫情前的水平。高额的偿债义务限制了政府在卫生、教育和社会援助等方面的公共支出。

债务可持续性取决于与主要双边债权人的谈判情况。到2021年底，老挝的公共和公共担保债务达到145亿美元，随着基普贬值，预计到2022年将增加到GDP的100%以上。国有企业无担保债务和公私合营企业的或有负债同样令人担忧。2021年，老挝国有企业的借款占公共和公共担保债务总额的43%，其中大部分在电力行业。2020—2022年间的偿债延期暂时缓解了老挝政府的偿债压力，累计延期付款约为2022年GDP的8%。2023—2026年的偿债义务平均每年为13亿美元，已经超过2022年8月记录的官方外汇储备总存量。

目前全球经济受到俄乌冲突旷日持久、地缘政治紧张局势加剧、宏观经济政策收紧等因素的影响，可能导致老挝面临外部需求下降、商品价格上涨和汇率进一步贬值压力。外债再融资挑战、结构性改革进展缓慢以及银行资产负债表恶化等因素同样加剧了老挝宏观经济不稳定风险。

为支持老挝政府解决经济金融困难，世界银行和其他发展伙伴提出了五项重要的改革建议：

（1）削减免税措施以增加公共收入并维持社会保障支出；

（2）改善公共和公私投资以及国有企业的治理；

（3）通过谈判重组公共债务；

（4）通过加强法律体系建设和监管，增加金融稳定性；

（5）通过有效的监管改革改善商业环境并促进出口。

（三）投资机会

革新开放以来，老挝在政治、经济和社会各领域不断探索和进步，取得了比较喜人的发展成绩。包括中国在内的世界各国与老挝的贸易往来不断加深，各国对老挝的投资领域不断扩大。老挝也通过完善投资法规、简化开办企业流程、设立“一站式”服务办公室等措施不断改善国内营商环境。目前，老挝虽尚属世界上最不发达国家之一，但与中国经济互补性强，合作潜力很大。

中国企业在对老挝投资时可以考虑以下几个投资领域。

1. 农业

老挝的气候及地理条件非常适宜农作物以及热带、亚热带果木的生长。当地种植的农作物主要有水稻、玉米、薯类、咖啡、橡胶、西瓜、香蕉等。随着中国“一带一路”的不断落实和发展，中老农业合作日益密切，无论是在东南亚农业领域还是湄公河次区域经济合作中，老挝都是重要的参与者和战略合作伙伴。中老两国在农业领域具有极大互补性。一方面，尽管老挝农业资源丰富，但农业发展程度不高，产业技术水平较低，人才缺乏，市场狭小；另一方面，中国在农业资金、技术、管理等方面具有优势，且消费市场广阔。中老两国政府重视推动双边农业合作。2016 年，两国签署《中老联合声明》，提出要在农作物育种、农业机械、生物质能源研发等领域，以及沿边省份之间加强交流合作。

企业在对老挝农业的投资中，不仅需要着眼于老挝农业资源的初级生产层面，还应注重向上下游延伸产业链，从农产品的种植、初级加工、精深加工、推广销售到物流服务、农闲观光等领域。此外，老挝农村劳动力整体素质相对不高，缺乏农业种植养殖专业知识，且未经过科学全面的农产品生产技能学习，使得农产品竞争力有限。中国企业可积极引进中小型农用机械，发展规模化、产业化、机械化的现代农业，提高农产品竞争力，同时帮助培育高素质、高技能的专业农业人才，提高劳动生产效率。

2. **电力行业**

老挝水电资源丰富，素有“东南亚蓄电池”之称，但是老挝目前水电开发只是利用了湄公河的一些支流，水电资源发展空间较大。老挝政府计划引进各方面资金大力开发充沛的水电资源，将电力出口作为本国经济发展和创汇的重要支撑。

目前老挝水电站开发有两种方式：一是以外商投资形式建设的10万千瓦以上采用建设-经营-移交（BOT）方式的水电站，二是以总承包方式由外商带资建设的10万千瓦以下以老挝国家电力公司为业主的水电站。由于老挝政府资金实力有限，该国鼓励国外投资者以BOT形式进行独立发电商（IPP）电站投资。

3. **矿业**

老挝矿产资源种类较多，如金、铜、铁、铝土矿、钾盐等，成矿地质条件较好，资源潜力较大；但是地质勘探程度较低，矿业开发活动不多，国内开发的矿业项目规模都比较小，矿产资源大多未开发，具有一定的勘探开发前景。中国是老挝矿业的主要投资国之一，中国“一带一路”倡议和与老挝的“陆锁国变陆联国”战略为中老矿业及基础设施等领域合作提供了良好契机。

考虑到老挝矿产资源禀赋及老挝矿产资源与世界矿产资源的互补性，中国企业在老挝进行投资活动时可优先考虑在老挝进行钾盐、铝土矿、铜、金等矿产资源的勘查和开发合作。老挝后端冶炼加工产业不发达，考虑到老挝基础设施较差，建议中国企业在万象及其周边经济、人口和基础设施较好的省份开展冶炼加工和基础设施建设合作。此外，老挝基础地质工作程度较低，一定程度上阻碍了外资企业与老挝的矿业合作，建议加强对老挝的基础地质调查合作，有助于进一步摸清老挝矿产资源分布情况，为相关矿业投资提出建议。

4. 交通基础设施

当前老挝国内交通基础设施仍然不完善，很大程度上影响了老挝与周边国家的互联互通。为此，老挝提出“陆锁国变陆联国”的战略设想，鼓励通过国营机构与民间资本联合投资或申请国际援助来改善交通基础设施建设。中国与老挝在交通基础设施领域的合作，既能提高中国与东盟各国的互联互通水平，也能促使中国技术、标准进一步推广，对推动“一带一路”建设、东南亚国家繁荣富强都有着重要作用。

5. 电子商务行业

近年来，老挝政府认识到经济数字化可以成为经济增长的重要引擎。电子商务不仅为企业打开了市场，而且为消费者提供了更加丰富的产品选择和便利服务。尽管电子商务潜力巨大，老挝在充分利用电子商务发展的机遇方面仍面临困难。例如，电子商务监管体系不完善，缺乏与信息和通信技术有关的基础设施，互联网覆盖率低且成本高、速度慢，运输基础设施不足，物流系统落后，城乡之间存在技术差距，各方参与者缺乏所需技术知识等，这些因素阻碍了老挝电子商务的发展。

而中国通过建设互联网基础设施，实施有利于在线交易平台服务商、电子零售商和消费者的电子商务政策，同时鼓励国内技术公司参与，近年来已成为电子商务领域的领跑者之一。中国企业可利用国内经验投资发展老挝电子商务行业，可投资领域包括信息和通信技术支持，配套基础设施的建设、维护和运营，在线交易平台和物流系统的搭建和本地化等。

点评：

中国援老挝农村电子商务工程项目技术援助方案签署仪式于2022年4月25日在老挝工业与贸易部举行。该项目基于中国成熟的农村电子商务体系建设成功经验，坚持“政府引导、企业主体、市场运作”的原则建设实施，构建具有品质保障的老挝农产品电子商务平台，打造适应老挝需要的农村电子商务发展模式，促进老挝农产品出口，助力老挝农民增收，改善老挝民生。项目将推动“中国电商”“中国技术”和“中国服务”的理念、标准和体系与老方深度对接，深化中老在电商、标准化方面的双边务实合作和互联互通。

6. 旅游业

旅游业是老挝重要产业之一，也是外商投资热门行业。老挝旅游业及相关产业对GDP的贡献率超过10%，成为老挝财政收入的重要来源。近年来，老挝政府相关部门采取加大旅游业投资力度、简化签证申请程序、开放国际旅游口岸等措施，推动旅游业持续发展。

鉴于老挝经济发展程度不高，政府财政实力有限，不少旅游重点地区都在寻求资金开发自然景点。中国企业可考虑与当地政府开展合作，投资景区开发，提升宾馆、旅社及餐馆服务质量，改善旅游基础设施。

老挝旅游产品相对单一，中国企业应加强产品开发，深入挖掘和整合老挝与周边国家的旅游资源，将老挝丰富的历史文化资源与周边国家的度假、购物热点相结合，即与泰国、柬埔寨、缅甸和越南等周边国家联合设计旅游产品，推出形式多样的旅游项目。

Chapter 7

第七章

工程建设企业合规管理体系建立指南

一、合规管理的内部环境

合规管理是一种风险管理活动，是境外施工企业对业务活动是否遵守所在国（地区）法律、法规、规定、规则、行业自律等的一种鉴证行为。

合规管理的内部环境是其他所有风险管理要素的基础，为其他要素提供规则和结构。内部环境的要素包括：合规管理的目标和基本原则，企业文化和公司战略，管理层的理念和经营风格，公司组织架构及其岗位职责，员工的诚信、道德价值观和胜任能力。

（一）合规管理的目标

建立健全合规风险管理体系，实现合规风险的有效识别和管理，促使境外施工企业全面风险管理体系的建设，确保企业依法合规经营。

（二）合规管理的基本原则

（1）客观性原则。合规人员应当依照相关法律、法规对违规事实进行客观评价。

（2）独立性原则。合规部门在企业中应当有独立地位，合规管理应当独立于其他各项业务经营活动。

（3）专业性原则。合规人员应当熟悉公司业务制度，了解公司内各业务环节的专业知识和业务流程，并准确理解和把握法律法规的规定和变动趋势。

（4）公正性原则。合规人员在对业务部门进行检查时，应当坚持统一标准对违规行为及相关风险进行评估和报告。

（5）协调性原则。合规人员应当正确处理与公司其他部门及监管部门的关系，努力形成公司的合规合力，避免内部损耗。

（6）全面性原则。企业合规管理应覆盖所有境外业务领域、部门和员工，贯穿决策、执行、监督、反馈等各个环节，体现于决策机制、内部控制、业务流程等各个方面。

二、合规管理机构的设置及职责

（一）合规管理机构的设置

企业可根据业务性质、地域范围、监管要求等设置相应的合规管理机构。合规管理机构一般由合规委员会、合规负责人和合规管理部门组成。尚不具备条件设立专门合规管理机构的企业，可由相关部门（如法律事务部门、风险防控部门等）履行合规管理职责，同时明确合规负责人。

1. 合规委员会

企业可结合实际设立合规委员会，作为企业合规管理体系的最高负责机构。合规委员会一般应履行以下合规职责：

（1）确认合规管理战略，明确合规管理目标。

（2）建立和完善企业合规管理体系，审批合规管理制度、程序和重大合规风险管理方案。

（3）听取合规管理工作汇报，指导、监督、评价合规管理工作。

2. 合规负责人

企业可结合实际任命专职的首席合规官，也可由法律事务负责人或风险防控负责人等担任合规负责人。首席合规官或合规负责人是企业合规管理工作具体实施的负责人和日常监督者，不应分管与合规管理相冲突的部门。首席合规官或合规负责人一般应履行以下合规职责：

（1）贯彻执行企业决策层对合规管理工作的各项要求，全面负责企业的合规管理工作。

（2）协调合规管理与企业各项业务之间的关系，监督合规管理执行情况，及时解决合规管理中出现的重大问题。

（3）领导合规管理部门，加强合规管理队伍建设，做好人员选聘培养，监督合规管理部门认真有效地开展工作。

3. 合规管理部门

企业可结合实际设置专职的合规管理部门，或者由具有合规管理职能的相关部门承担合规管理职责。合规管理部门一般应履行以下合规职责：

（1）持续关注我国及业务所涉国家（地区）法律法规、监管要求和国际规则的最新发展，及时提供合规建议。

（2）制定企业的合规管理制度和年度合规管理计划，并推动其贯彻落实。

（3）审查评价企业规章制度和业务流程的合规性，组织、协调和监督各业务部门对规章制度和业务流程进行梳理和修订。

（4）组织或协助业务部门、人事部门开展合规培训，并向员工提供合规咨询。

（5）积极主动识别和评估与企业境外经营相关的合规风险，并监管与供应商、代理商、分包商、咨询顾问和承包商等第三方相关的合规风险。为新业务的开发提供必要的合规性审查和测试，识别和评估新业务的拓展、新客户关系的建立以及客户关系发生重大变化等所产生的合规风险，并制定应对措施。

(6) 实施充分且具有代表性的合规风险评估和测试，查找规章制度和业务流程存在的缺陷，并进行相应的调查。对已发生的合规风险或合规测试发现的合规缺陷，应提出整改意见并监督有关部门进行整改。

(7) 针对合规举报信息制定调查方案并开展调查。

(8) 推动将合规责任纳入岗位职责和员工绩效管理流程。建立合规绩效指标，监控和衡量合规绩效，识别改进需求。

(9) 建立合规报告和记录的台账，制定合规资料管理流程。

(10) 建立并保持与境内外监管机构日常的工作联系，跟踪和评估监管意见和监管要求的落实情况。

(二) 合规管理部门的设置方式

合规管理部门是负责施工企业合规工作的具体组织和执行部门，依照所规定的职责、权限、方法和程序独立开展工作，负责公司各部门和全体员工的合规管理工作，合规管理部门对公司高层负责。

合规管理部门人员应具备较高的思想素质和法制观念，坚持原则、忠于职守、廉洁奉公、公正无私，并具备相应的专业知识。合规管理部门必须制定相应的人员岗位责任制，明确任务，落实责任。合规管理部门工作人员同样应遵守公司各种规章制度和规定。合规管理部门依据国家及有关部门的法律法规、公司章程、公司内部管理制度和承包合同，在所赋予的权限内，按照所规定的程序和方法，对行为对象进行客观公正的检查监督并提出处理建议。

合规管理部门的设置有如下几种类型（见表 7-1）。每种类型都有各自的优缺点。企业应根据公司业务类型、组织结构、组织资源等因素选择合规管理部门的设置。

表 7-1　合规管理部门类型及特点

序号	类型	特点
1	合规管理部	在企业内部建立一个专业的合规管理部门，任命首席合规官作为合规管理总负责人。 优点：企业合规管理部门的独立性强，合规团队专业能力强，合规工作也做得相对专业。 缺点：要求企业投入大量的资金、人力等资源；对合规管理人员职业技能要求高，既要懂合规专业知识，又要懂具体的业务知识；合规管理部门与其他部门之间的沟通协调能力也要求较高。
2	法务合规部	把法务部或者法律事务部的管理职能与合规部门管理职能统一到法务合规部门职能之中，由法务合规部对企业的法律事务工作和合规管理工作进行统一管理。 优点：部门设立相对容易，投入成本相对较低，公司在设立合规管理部门时可以利用公司现有的法务部门的资源，因为大多数公司在成立合规部之前都有法务部门。另外，合规管理工作与法务部工作配合容易，因为合规管理部门有效开展工作的前提须对外部法律法规、监管等规定有正确的理解，在一个领导之下，合规管理部门与法务部门之间的沟通也相对顺畅。 缺点：按照这样的方式设置合规管理部门，开展工作时与其他部门的沟通协调要求较高，需要合规管理部门与业务部门密切配合，对合规管理人员职业技能要求高，既要懂合规专业知识，又要懂具体的业务知识。
3	审计合规部	合规部与审计部结合形成审计合规部。 优点：便于企业对合规风险进行管理，企业可以通过较少的投入达到合规管理的目的。 缺点：独立性不强，适用于业务单一且面临合规风险较低的企业。以生产汽车为主的北京奔驰汽车就采用了该类型。

续 表

序号	类型	特点
4	风控合规部	融合了公司治理、风险控制与合规管理。 优点：大大提升了合规管理部门整合公司资源的能力，有很强的独立性，方便了合规部门与风险管理部门的沟通，合规部门在合规风险评估时可以和风控部门结合起来共同开展工作，实现风险管理工作成果共享。 缺点：对合规部的领导力提出了很高的要求，同时也需要企业提供较多的资源支持，还需要与法务部门等其他部门加强沟通，平衡业务与合规风险管理的关系。
5	其他	具体根据公司业务类型、组织结构、组织资源而定。 如英国石油公司（BP）在集团层面设置“道德与合规部”进行合规管理，同时配以法律各领域专家提供日常的法律专业支持，来保证 BP 各部门的合规专业有效运行。 BP 公司除了在道德与合规部门工作的全职合规工作人员之外，在每个业务与职能部门及其每一个下属地区部门，都有一位部门领导兼任本部门的“道德与合规联络人”。其职责是确保各项合规制度在本部门的有效实施，并且就日常工作中的合规问题进行处理和解答。这种安排能够有效提高本部门领导的合规意识，高效率解决日常合规问题。

三、企业内部的合规管理体系

（一）董事会的合规责任

董事会作为决策层应以保证企业合规经营为目的，通过原则性顶层设计，解决合规管理工作中的权力配置问题。

董事会负责企业整体风险的预防和控制，审核、监督公司风险控制制度的有效执行，可以下设合规与风险管理委员会，负责对企业国内施工承包及境外施工经营的风险控制及合法合规进行审议、监督和检查，草拟企业风险管理战略，评估企业风险管理状况。

董事会对企业的合规管理承担最终责任，履行以下合规职责：

（1）审核批准合规政策，监督合规政策的实施，并对实施情况进行年度评估。

（2）审核批准公司年度合规报告，对年度合规报告中反映出的问题，采取措施解决。

（3）根据总经理提名决定合规负责人的聘任、解聘及薪酬事项。

（4）决定公司合规管理部门的设置及其职能。

（5）保证合规负责人独立与董事会、董事会相关委员会（如审计委员会或者其他专业委员会）沟通。

（6）公司章程规定的其他合规责任。

（二）监事会的合规责任

为了完成合规监督职能，监事会不仅要进行会计监督，而且要进行业务监督。不仅要有事后监督，而且要有事前和事中监督（即计划和决策时的监督）。监事会对经营管理的合规方面监督包括以下方面：

（1）对企业董事、总经理和其他高级管理人员执行公司职务时违反法律、行政法规或者公司章程的行为进行监督并有权通知他们停止其非合规行为。

（2）随时调查企业的合规执行状况，审查合规体系文件、合规记录和合规报告，并把审核意见向董事会报告。

（3）当监事会认为有必要时，一般是在企业出现重大问题时，可以提议召开股东会。

（三）管理层的合规责任

（1）企业的高级管理层应分配充足的资源建立、制订、实施、评价、维护和改进合规管理体系。

（2）管理层人员应当熟悉工程建设相关法律、行政法规及国际性组织的监管要求，依法合规、勤勉、审慎地行使职权。管理层人员应当维护企业的统一性和完整性，在其职权范围内对企业经营活动进行独立、自主决策，不受他人干预，不得将其经营管理权让渡给股东或者其他机构和人员。

（3）管理层人员应当根据企业经营环境的合规要求，督促和落实合规责任体系的建立和运行。

（4）管理层人员应当构建企业自身的合规文化，保持企业内部机构和人员合规责任体系、合规报告路径的清晰、完整，不得违反规定的报告路径，防止内部责任体系、报告路径和内部员工之间出现割裂的情况。

（四）合规管理部门的合规责任

（1）协助领导构建企业合规管理体系，制订、修订企业的合规手册和其他合规风险管理规章制度；

（2）起草年度合规管理计划；

（3）主动识别、评估、监测和报告合规风险；

（4）负责各项具体合规工作方案的拟定，使合规工作顺利展开；

（5）起草合规报告；

（6）参与新业务的开发，识别、评估合规风险，提供合规支持；

（7）违规事件的调查处理，起草违规处理决定；

（8）梳理企业内控流程，提出相关改进建议；

（9）审查企业内部管理制度、业务规程，提供合规改进建议；

（10）组织合规培训并向企业员工提供合规咨询服务；

（11）跟踪法律法规、监管规定和行业自律规则的变动、发展，并根据其有关要求提出制订或者修改企业内部规章制度的建议；

（12）相关辅助性工作和领导指派的其他工作。

（五）合规管理的主要内容

企业应以倡导合规经营价值观为导向，明确合规管理工作内容，健全合规管理架构，制定合规管理制度，完善合规运行机制，加强合规风险识别、评估与处置，开展合规评审与改进，培育合规文化，营造重视合规经营的企业氛围。

1. 合规管理的主要活动

合规管理旨在构造企业监督系统，对企业的决策系统、执行系统进行全程、动态的合规监控，监控的对象覆盖企业经营管理的全部内容，主要包括：

（1）定期学习法律、法规，传达监管要求，打造企业合规文化，提高员工合规意识；

（2）审核业务合同，各部门的制度和工作流程；

（3）依据合规要求，检查和评估日常经营管理活动的合规性；

（4）梳理整合各项法律法规、规章制度，开展合规培训；

（5）为新的承包合同提供合规支持；

（6）开展法律咨询，协同处理企业法律纠纷及其投诉。

2. 合规文化

合规文化建设是合规风险管理的一部分，同时也是企业文化建设的一部分。如果企业上下所有员工都严格遵守高标准的道德行为准则，那么该合规风险的管理是最为有效的。

在企业内部要形成浓厚的合规文化，做到人人合规。所有员工都要有足够的职业谨慎、具有诚信正直的个人品行以及良好的风险意识和行为规范。企业内部要具有清晰的责任制和问责制，以及相应的激励约束机制，形成所有员工理所当然要为自身从事的职业和所在岗位的工作负责任的氛围，进而逐步形成工程建设企业的合规文化。企业加强合规文化建设应从以下四个方面努力：

（1）管理层的重视。

（2）全员合规理念的建立，一定要改变钻政策空子，打擦边球的观念，打消侥幸心理。

（3）合规部门与其他部门的配合、信息交流，实现资源共享，协同作战。

（4）合规考核机制的有效落实。

3. **合规政策**

合规政策是企业体现合规理念，培育合规文化，制定实现合规目标的纲领性、指示性的文件，对企业开展合规工作提出了原则性要求。其内容包括：

（1）合规政策的制定。

企业的高级管理层（合规委员会）负责制定书面的合规政策，并根据合规风险管理状况和法律、规则、准则，以及项目所在地的政策、宗教和文化环境的情况适时修订合规政策，经董事会审议批准后传达给全体员工，定期评价各项合规政策和执行状况；若发现重大的合规问题，管理层必须立即向董事会汇报。

（2）进一步明确合规管理部门的职能。

为确保合规管理部门能在公司合规管理中充分发挥作用，对合规管理部门的责任至少应明确：①合规管理部门的功能和职责；②合规管理部门的权限；③合规负责人的合规管理职责；④保证合规负责人和合规管理部门独立性的各项措施，包括确保合规负责人和合规管理人员的合规管理职责与其承担的任何其他职责之间不产生利益冲突等；⑤合规管理部门与其他部门之间的协作关系；⑥设立分支机构合规管理部门或项目部合规管理部门的原则。

（3）合规政策的落实。

①高级管理层：负责贯彻执行合规政策，确保发现违规事件时及时采取适当的纠正措施，并追究违规责任人的相应责任。

②企业职能部门及各项目部：遵循企业合规政策，研究制定本部门或本项目决策和运作的各项制度流程并组织实施，定期对本部门或项目的合规风险进行评估，对其合规管理的有效性负责。

③合规管理部门：作为合规风险的日常管理部门，主要负责识别、评估和监控合规风险，并向管理层和董事会提出合规建议和报告。

4. 合规审核

通过审核，对于外部监督可能发现的问题及时自查自纠，以减少企业损失，避免可能受到的处罚。

合规审核的程序一般包括：制定合规审核机制、合规审核调查、合规审核评价，具体内容见表 7-2。

表 7-2　合规审核的程序及内容

程序	内　　容
制定合规审核机制	制定合规审核计划，需要列出审核的目标、步骤和流程。
合规审核调查	合规人员开展内部合规审核时，可能出现内部人员不配合，刻意隐瞒实情的情况，需要合规部门人员进行审核调查，但审核调查手段不能干扰企业或项目的日常运作。
合规审核评价	合规审核工作需要进行阶段性的评估，可以由内部或外部人员进行，最终目的是改进合规部门的工作。

5. 合规审计

企业合规管理职能应与内部审计职能分离。企业审计部门应对企业合规管理的执行情况、合规管理体系的适当性和有效性等进行独立审计。审计部门应将合规审计结果告知合规管理部门，合规管理部门也可根据合规风险的识别和评估情况向审计部门提出开展审计工作的建议。

6. 合规检查

合规检查的主要对象是制度、程序和流程的执行情况，合规检查主要看企业各个层面，特别是施工项目部是否落实了合规要求，检查要点：

（1）企业各个层面是否按照相关法律法规和企业章程的规定履行职责，合规记录是否真实、准确、完整，是否按规定存档。

（2）合规问题的整改情况及违规责任人的处理情况。

（3）风险管理制度是否涵盖了不同风险控制环节。

（4）其他需要检查的内容。

7. 合规培训

企业应将合规培训纳入员工培训计划，培训内容需随企业内外部环境变化进行动态调整。境外经营相关部门和境外分支机构的所有员工，均应接受合规培训，了解并掌握企业的合规管理制度和风险防控要求。决策层和高级管理层应带头接受合规培训，高风险领域、关键岗位员工应接受有针对性的专题合规培训。合规培训应做好记录留存。合规培训的内容包括但不限于：

（1）企业内部的员工守则和各项业务的合规制度。

（2）国际商业公约及项目所在国特定的合规要求。

（3）境内外合规案例警示教育。

8. 合规汇报、举报与投诉

合规负责人和合规管理部门应享有畅通的合规汇报渠道。合规管理部门应当定期向决策层和高级管理层汇报合规管理情况。汇报内容一般包括但不限于合规风险评估情况，合规培训的组织情况和效果评估，发现的违规行为以及处理情况，违规行为可能给组织带来的合规风险，已识别的合规漏洞或缺陷，建议采取的纠正措施，合规管理工作的整体评价和分析等。

如发生性质严重或可能给企业带来重大合规风险的违规行为，合规负责人或合规管理部门应当及时向决策层和高级管理层汇报，提出风险警示，并采取纠正措施。

企业应根据自身特点和实际情况建立和完善合规信息举报体系。员工、客户和第三方均有权进行举报和投诉。企业应充分保护举报人。

合规管理部门或其他受理举报的监督部门应针对举报信息制定调查方案并开展调查。形成调查结论后，企业应按照相关管理制度对违规行为进行处理。

企业各层级人员对违规行为应有制止的义务，企业应有合规投诉处理的渠道和制度，合规投诉处理的流程为：接收、审议、改进、反馈。合规投诉处理的措施包括：

（1）建立合规投诉渠道。

（2）建立合规投诉的管理办法或处理流程等制度，其中建议含保密、奖励等内容。

（3）规定相关处理极限范围、处理流程与时限等。

9. 合规考核

合规考核应全面覆盖企业的各项管理工作。合规考核结果应作为企业绩效考核的重要依据，与评优评先、职务任免、职务晋升以及薪酬待遇等挂钩。

境外经营相关部门和境外分支机构可以制定单独的合规绩效考核机制，也可将合规考核标准融入总体的绩效管理体系中。考核内容包括但不限于按时参加合规培训，严格执行合规管理制度，积极支持和配合合规管理机构工作，及时汇报合规风险等。

（1）建立考核目标。

企业应在相关部门和各层级建立合规目标作为考核依据。

企业策划如何实现合规目标时，应确定：

· 做什么；

· 需要什么资源；

· 谁负责；

· 何时完成；

· 结果如何评价。

（2）建立员工合规操守考核制。

建立包括合规操守、合规业绩考核在内的绩效管理体系。每年初根据境外企业项目建设和生产经营的实际情况，制定考核指标并与主要负责人签订责任书，采取“月度通报、季度考核、半年小结、年度清算”的考核机制，年底根据完成情况进行考核，合规业绩考核结果与企业工资总额、领导班子成员年薪和领导班子成员任职评价“三挂钩”。通过加强合规绩效考核，充分调动企业合规经营的积极性，促进资产的保值增值。将考核结果纳入年度绩效考核，与绩效工资挂钩，以增强员工合规意识，确保员工日常行为合规。

（3）建立违规问责制度。

对于发现的违规事件，要严格认定和追究违规行为人的责任，并采取有效的纠正措施，及时优化经营管理流程和修订相关规章制度，切实消除违规事件产生的负面影响。

10. 合规评价

企业应定期对合规管理体系进行系统全面的评价，发现和纠正合规管理贯彻执行中存在的问题，促进合规体系的不断完善。合规管理体系评价可由企业合规管理相关部门组织开展或委托外部专业机构开展。

企业在开展效果评价时，应考虑企业面临的合规要求变化情况，不断调整合规管理目标，更新合规风险管理措施，以满足内外部合规管理要求。

（1）建立法律法规及其他要求适用表。

①合规性评价的基础工作是建立适用的法律、法规及其他要求清单。

②合规渊源，包括：

· 立法机构和监管机构的法律、规则和准则；

· 市场惯例；

· 行业协会的行业规则；

· 内部职员行为准则；

· 诚实守信和道德行为准则。

③合规渊源的获取渠道。

（2）建立法律法规及其他要求合规性评价表。

建立法律法规及其他要求合规性评价表的原则和方法。

（3）进行合规性评价。

①归口管理部门；

②评价频次；

③评价人员；

④评价依据；

⑤评价内容；

⑥评价记录；

⑦不合规处置。

（4）提出改进方法。

①企业合规性评价和改进建议表。

②撰写企业规章制度的修改建议书，应注意：

· 如果企业的规章制度体系文件与现行的法律法规有冲突，则必须对规章制度体系进行修改。

· 应通过与有关部门的沟通，了解企业规章制度这样规定的原因，并探讨有无可能提出既合乎技术原理又合乎法律法规的方法。

· 在建议书中，必须写明既有文件的哪一部分与法律法规存在冲突，并给出修改意见。

四、合规管理中的风险控制方法

合规风险，是指企业或其员工因违规行为遭受法律制裁、监管处罚、重大财产损失或声誉损失以及其他负面影响的可能性。

合规管理部门应深入调查，梳理各操作岗位的工作规程，研究各岗位原有的内控风险、管理体系风险及法律风险，针对各环节隐藏的或者有可能发生的合规风险进行系统排查，并梳理成全面的合规管理风险。参照国家的法律法规、有关政策和行业标准规范，结合企业实际运营的情况，整理各业务领域需要遵守的法律法规和其他标准，结合上述排查的合规管理风险，细化业务操作标准，量化要求。之后，强调风险提示，列出哪些岗位会出现风险操作、风险级别、业务流程环节中容易出现风险的操作点以及风险控制措施，以便于业务操作人员在工作中能够有意地避开风险操作点，增强风险意识，加强自身责任感。这是企业达成合规要求，实现合规经营的根本策略。

整个风险管理过程是一个闭环系统（见图 7-1），随着风险应对策略的实施及风险监控过程中内外部环境或工作内容的变化，风险会出现许多变化。这些变化的信息可及时反馈，新的风险识别就能及时对新情况进行风险评估和分析，从而调整并实施风险应对策略。这样循环往复，保持风险管理过程的动态性，就能达到风险管理的预期目的。

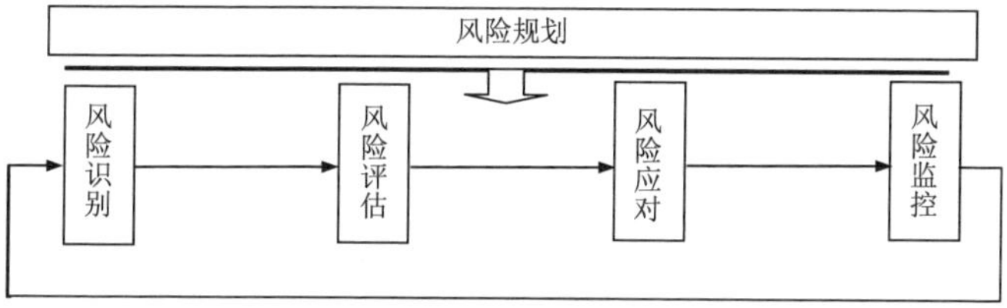

图 7-1　企业风险管理的全过程

（一）风险规划

风险规划是定义如何实施合规风险管理活动的过程，合规部门应该根据企业的业务类型、实施环境和人员特点，制定风险管理规划文档，即风险管理计划。该计划要与业务内容（如所承包的项目类型、项目战略优先级等）对企业和其他相关方的重要程度相匹配，其中特别需要注意的是业务（如工程项目承包）实施过程中关键相关方（如工程所在地政府、业主及企业自身领导层）对合规风险的容忍程度。

风险规划的内容应包括：

（1）确定合规风险管理的领导者和团队，明确其职责；

（2）确定合规风险管理活动所需资金及应急储备和管理储备的使用方案；

（3）确定在项目生命周期中实施合规风险管理过程的时间和频率；

（4）确定合规风险的分类方式和风险分解结构；

（5）记录各相关方的风险偏好度和风险临界值；

（6）根据具体的项目对风险的概率和影响进行定义；

（7）风险登记册、风险报告以及项目风险管理过程中的文档要求和内容格式等。

合规风险管理活动应纳入日常工作范畴，是合规管理工作的最重要组成部分。同时，企业应在合规风险规划阶段对各类相关人员做好合规培训工作。培训对象及内容见表 7-3。

表 7-3　合规培训对象及内容

序号	培训对象	培训内容
1	企业高层、高级合规官	如何建立企业合规管理体系
2	合规管理团队成员	合规管理团队的职责、应知应会等
3	从事境内经营的工程建设企业所有人员	境内合规要求、制度
4	从事境外经营的工程建设企业所有人员	境外合规要求、制度

可采取现场培训、书面培训、网络培训相结合的形式，由合规管理部门制定年度合规培训计划，由各业务部门提出培训需求，以工作

的实际需要为出发点，与岗位紧密结合，根据年度培训计划、国家政策法规的变化及企业业务发展需要实施培训，有计划、有目的地组织各种形式的合规培训，强化合规经营理念。

（二）风险识别

企业应当建立必要的制度和流程（风险规划），识别新的和变更的合规要求。企业可围绕关键岗位或者核心业务流程，通过合规咨询、审核、考核和违规查处等内部途径识别合规风险，也可通过外部法律顾问咨询、持续跟踪监管机构有关信息、参加行业组织研讨等方式获悉外部监管要求的变化，识别合规风险。

企业境外分支机构可通过聘请法律顾问、梳理行业合规案例等方式动态了解掌握业务所涉国家（地区）政治经济和法律环境的变化，及时采取应对措施，有效识别各类合规风险。

企业的合规风险识别工作应在整个经营过程中持续开展，并根据环境和业务特性的变化不断更新风险内容。

具体工程项目上的风险识别应以企业已识别的合规风险为基础，结合项目特性、所在地的环境（包含自然环境、社会环境、管理环境和作业环境）等因素，在合规管理部门的配合下，一同开展合规风险的识别。

可使用头脑风暴、核对单、访谈收集与风险相关的信息，通过根本原因、假设条件和制约因素、各种文件和 SWOT（优势、劣势、机会和威胁）等分析风险及其来源，召开专门会议讨论和完善风险的识别。具体识别风险的方法见表 7-4。

表 7-4 常见风险识别方法

名称	方式	说 明
调查法	访谈	约访专家、工程管理人员，或通过实地观察走访等识别潜在的风险。
	专家会议讨论	通过成立风险管理专家小组，召开会议，利用其专业知识和经验识别潜在的风险。
头脑风暴法	自由联想讨论	组织一群人自由联想、讨论，发表自己的观点或看法，互不强制干预对方。
核查法	核查表	将之前相似项目发生过的风险归纳总结列成清单，核查拟建项目是否存在该类风险。
分解法	工作分解法（WBS）	将复杂的整体工程进行系统分解（单项工程-单位工程-分部分项工程-工序），分析潜在的风险和损失。
	风险分解法（RBS）	将整个工程的风险从不同的方面或层次分类，再将大类风险分解为具体的子风险。
	WBS-RBS	将复杂的工程工作和风险分别分解成简单、易于理解的基本单元，再将其耦合形成 WBS-RBS 矩阵，找出可能的风险因素。
情景分析法	场景假设	设想同一环境不同情境下可能出现的风险和其带来的损失。
假设条件和制约因素分析	实施条件审查	每个项目及其项目管理计划的构思和开发都基于一系列的假设条件，并受一系列制约因素的限制。来探索假设条件和制约因素的有效性，确定其中哪些会引发风险。从假设条件的不准确、不稳定、不一致或不完整，可以识别出威胁，通过清除或改变会影响项目或过程执行的制约因素，可以创造出机会。

续 表

名称	方式	说　明
流程图法	流程图	将项目划分为连续的作业流程，再将各个作业流程划分为若干个具体板块，分析各板块中潜在的风险。
SWOT 分析	多维度进行分析	项目的优势、劣势、机会和威胁（SWOT）进行逐个检查。
文件分析	历史资料分析	通过对企业或项目以往文件的结构化审查，可以识别出一些风险。可供审查的文件包括计划、假设条件、制约因素、以往项目档案、合同、协议和技术文件。

1. 合规风险识别的领域

企业识别、分析和评估合规风险可以从重点领域、重点环节、重点人员三方面考虑。

（1）重点领域：市场交易、商业伙伴、安全环保、施工质量、劳动用工、财务税收、知识产权、反腐、诚信与反贿赂。

（2）重点环节：重要决策事项事前合规审查。境外施工重大决策、重大合同、大额资金管控、境外子企业公司治理等。

（3）重点人员：管理人员、高风险岗位、海外人员。

2. 合规风险识别的框架

全面识别合规风险的一个良好方法是通过风险分解（RBS）建立合规风险识别框架。

（1）合规风险 RBS 建议，参见表 7-5。

表 7-5 不同类型风险需合规的内容或风险点

类别	需合规的内容或风险点
国际条约、惯例和协议合规风险 相关的规定主要来自联合国（UN）、国际劳工组织（ILO）、世界知识产权组织（WIPO）、国际标准化组织（ISO）、社会责任国际（SAI）、国际商会（ICC）、世界银行（WB）、石油输出国组织（OPEC）等	· 合同管理：FIDIC 条款、NEC 合同条款、JCT 合同条款、AIA 系列合同条件等； · 劳工权利：《国际劳工组织宪章》、《建筑业安全和卫生建议书》、《1990 年夜间工作公约》、SA 8000 等； · 知识产权：《保护工业产权巴黎公约》《专利合作条约》《世界版权公约》等； · 环境保护：《生物多样性公约》《控制危险废物越境公约》《联合国气候变化框架公约》《巴塞尔公约》等； · 财务报告：《COSO 全面风险管理框架》《COSO 内部控制整合框架》等； · 国际贸易：《国际贸易术语解释通则》《商业跟单信用证统一惯例》等； · 诚信与反贿赂：《世界银行诚信合规指南》《海外反腐败法》等； · ……
国家（地区）性合规风险	· 美国的《海外反腐败法》《针对机构实体联邦量刑指南》《萨班斯-奥克斯利法案》； · 美国的“长臂管辖”司法判例； · 所在国出于国家安全和国家利益做出的行政决定；如美国把华为公司列入出口管制“实体名单”； · 所在国及地区出入境相关规定； · 驻所在国使领馆的规定和要求； · ……

续 表

类别	需合规的内容或风险点
宗教、文化和习俗合规风险	·基督教； ·伊斯兰教； ·佛教； ·当地的其他教派和习俗； ·……
国内施工企业涉及的主要法律、法规合规风险	1. 法律 《中华人民共和国建筑法》《中华人民共和国安全法》《中华人民共和国消防法》《中华人民共和国合同法》《中华人民共和国招标投标法》《中华人民共和国土地管理法》《中华人民共和国城乡规划法》《中华人民共和国环境保护法》《中华人民共和国环境影响评价法》《中华人民共和国保险法》《中华人民共和国劳动法》等。 2. 行政法规 《工程建设质量管理条例》《工程建设安全生产管理条例》《工程建设勘察设计管理条例》《中华人民共和国土地管理法实施条例》等。 3. 部门规章 《工程监理企业资质管理规定》《注册监理工程师管理规定》《工程建设监理范围和规模标准规定》《建筑工程设计招标投标管理办法》《房屋建筑和市政基础设施工程施工招标投标管理办法》《评标委员会和评标方法暂行规定》《建筑工程施工发包与承包计价管理办法》《建筑工程施工许可管理办法》《实施工程建设强制性标准监督规定》《房屋建筑工程质量保修办法》《房屋建筑工程和市政基础设施工程竣工验收备案管理暂行办法》《工程量清单计价规范》《工程建设施工现场管理规定》《建筑安全生产监督管理规定》《工程建设重大事故报告和调查程序规定》《城市建设档案管理规定》《增值税暂行条例实施细则》等。

续 表

类别	需合规的内容或风险点
国内外行业专业技术合规风险	指针对不同的行业、不同质量控制对象制定的专业技术规范文件。包括规范、规程、标准、规定等，如：工程建设项目质量检验评定标准，有关建筑材料、半成品和构配件质量方面的专门技术法规性文件，有关材料验收、包装和标志等方面的技术标准和规定，施工工艺质量等方面的技术法规性文件，有关新工艺、新技术、新材料、新设备的质量规定和鉴定意见等。
企业内部制度和流程合规风险	· 公司章程 · 公司制度和业务流程 · 工艺流程和操作手册 · ……

（2）全面风险识别 RBS 建议，见表 7-6 至表 7-17。

表 7-6　境外工程建设企业全面风险识别框架（RBS 0 级）

序号	层次	风险类型
1	国家层面	经济风险、政治风险、社会风险、自然风险、法律风险
2	项目层面	招投标风险、设计风险、施工风险、采购风险、业主方风险
3	企业层面	融资风险、资金风险、组织结构风险、人力资源管理风险

表 7-7　国家层面：经济风险清单（RBS 1~2 级）

序号	风险因素	风险源
1	经济发展	所在国经济 GDP 总量及发展趋势如何？经济产业结构是怎样的？经济发展规划和政策有哪些？
2	通货膨胀	所在国通货膨胀率是多少？是否得到有效控制？发展趋势如何？国家的货币政策如何？
3	政府财政和债务	政府财政收入、来源及占比是多少？政府财政收支情况如何？政府外债与内债情况如何？政府外汇收入、来源及储备情况如何？
4	市场竞争	政府投资和私人投资情况如何？市场竞争激烈情况如何？市场竞争者来自哪些国家？中国企业的市场份额、分布领域和竞争优势怎样？
5	汇率变化	所在国采用何种货币？是否是国际货币？与美元的兑换比率是否稳定？汇率的发展趋势怎样？
6	外汇管制	所在国是否是外汇管制国家？所在国的外汇储备怎样？外汇管制的对象是哪些？外汇管制的范围有哪些？
7	华人经济团体影响	所在国是否存在华人商会或经济团体？这些商会团体对所在国经济的影响力如何？与当地政府和社会组织团体的关系如何？
8	商业银行合作	所在国的主要商业银行有哪些？银行的资信、业务及收费、效率情况如何？外国人可否开立银行账号和可办理的业务情况有哪些？

表 7-8　国家层面：政治风险清单（RBS 1~2 级）

序号	风险因素	风险源
1	政治制度	所在国政治体制是哪种（民主共和制/君主立宪制）？所在国民主程度如何？是否存在以及多大程度的独裁？政治权力在各组织机构之间如何划分？

续 表

序号	风险因素	风险源
2	政党及政策	所在国的政党情况如何？是一党制、两党制还是多党制？主要政党有哪些？主要政党对国家政策和政治权利的影响怎样？执政党及其他政党对华态度怎样？
3	国家信誉	所在国的国际信誉如何？是否有国家信用评级？评级情况如何？
4	政府腐败	所在国政府廉洁情况如何？腐败行为严重程度如何？政府是否就腐败问题采取打击措施？政府打击力度和决心怎样？
5	政策连续性	国家政策是否稳定？近几届政府更迭过程是否稳定？新政府对原政府行为（各项政令及外交政策）继承是否完整及政策是否稳定？
6	政局稳定性	国家政局是否稳定？影响国家政局稳定的主要因素有哪些？
7	战争或内乱	所在国是否存在反政府武装或恐怖组织？其破坏活动近年来是否频繁？国家是否已采取军事行动？未来的安全形势会如何？
8	国家关系	所在国周边国家政局是否稳定？其与周边国家关系如何？国际上有无敌视国？中国在该国是否设有大使馆？其与中国合作情况如何？
9	舆论风险	我方在项目所在国设立的机构是否建立了舆情监控机制？
10	工程协会	所在国是否存在工程协会？工程协会的作用及其对市场的影响如何？
11	紧急事故应对	我方在所在国设立的机构是否建立了紧急情况的应对机制？包括哪些具体的应急保障措施？

续 表

序号	风险因素	风险源
12	项目安保	我方在所在国设立的机构是否建立了安全保障管理制度？当地是否有专业的安保公司？费用如何？当地政府可否提供安保力量？
13	市场歧视	建筑市场对外国承包商的态度如何？中资企业在当地受欢迎程度如何？

表 7-9　国家层面：社会风险清单（RBS 1~2 级）

序号	风险因素	风险源
1	民族冲突	所在国有多少民族？各民族之间的关系如何？主要民族占人口比例及其对国家政治、社会的影响？
2	宗教冲突	所在国有无宗教信仰？具体信仰哪些宗教？宗教之间的关系如何？宗教对国家政治、社会、文化等的影响程度如何？
3	风俗禁忌	所在国有哪些风俗习惯？禁忌有哪些？
4	法定假日	所在国有哪些法定节假日？法定假日多不多？节假日如何分布？
5	劳工素质	社会教育体系是否完善？教育是否普及？公民受教育程度如何？
6	交流障碍	所在国官方语言是什么？较为通行的外国语言有哪些？
7	医疗卫生	所在国医疗保障体制是否健全？医疗水平和伤病费用成本如何？
8	社会治安	社会治安状况如何？偷盗、抢劫等暴力犯罪率高不高？

表 7-10　国家层面：法律风险清单（RBS 1~2 级）

序号	风险因素	风险源
1	法制差异	所在国属于英美法系、大陆法系还是其他法系？
2	法制不健全	所在国的国家立法程序如何？法制是否健全？基本法律有哪些？法律法规调整是否频繁？
3	公民法律意识	当地法律文件是否易于获取？公民法律意识怎样？公民犯罪率如何？
4	执法风险	所在国执法部门法律执行力度如何？执法是否公正？
5	司法风险	司法环境如何？司法是否公正？司法效率如何？诉讼成本如何？
6	国际法约束	是否与中国签订双边或多边条约？是否共同加入某种国际组织？
7	公司法风险	所在国关于公司设立及治理的相关法律法规有哪些？主要规定是怎样的？
8	进口管理	所在国对进口程序和手续有哪些规定？海关检查是否严格？清关效率怎样？
9	外籍劳务限制	所在国关于外籍劳务的法律法规有哪些？是否对外籍劳务有明确的限制？外籍劳务需要办理哪些签证和手续？
10	外商投资法	所在国关于外商投资的法律法规有哪些？主要规定是怎样的？
11	投标法规	所在国关于投标的法律法规有哪些？主要的规定是怎样的？
12	合同法	所在国关于合同的法律法规有哪些？主要的规定是怎样的？
13	劳动法	所在国关于劳动关系、职业安全健康的法律法规有哪些？主要的规定是怎样的？对工人加班的时间和费用有何规定？

续 表

序号	风险因素	风险源
14	税法风险	所在国关于税收制度的法律法规有哪些？主要规定是怎样的？税率如何？对外国承包商有无优惠？税法是否定期修改？
15	环保法	所在国关于环境保护的法律法规有哪些？主要规定是怎样的？对于破坏环境行为的惩罚是怎样的？
16	企业资质管理	所在国关于建筑企业资质管理的法律法规有哪些？主要的规定是怎样的？资质分为几类几级？资质申请的程序和所需的材料有哪些？
17	工程纠纷管理	所在国关于诉讼、仲裁等争议解决方式的相关法律法规有哪些？主要的规定是怎样的？
18	所在国仲裁机构	所在国仲裁机构有哪些？这些机构的国际影响力、公正性、收费情况如何？
19	国际仲裁有效性	所在国是否为纽约公约成员？外国仲裁裁决在该国承认和执行情况如何？
20	法律资源获取	所在国的法律资源如何？有无国际知名律所？本国律师的水平和能力怎样？律师收费如何？该国有无知名的工程咨询专家和税务顾问专家？

表 7-11　国家层面：自然风险清单（RBS 1~2 级）

序号	风险因素	风险源
1	自然灾害	所在国自然灾害现象（地震、洪灾、旱灾、火山、台风等）是否严重？是否常年缺水？
2	气候恶劣	全年降雨量和气温如何？是否有明显的旱季和雨季？雨季和旱季分别是哪些月份？夏季的最高平均温度和冬季的最低平均温度是多少？

续 表

序号	风险因素	风险源
3	水文地质	所在国的地形地貌如何？水文地质条件是否复杂？
4	传染疾病	所在国是否为传染疾病高发区？主要的传染疾病有哪些？病情是否得到有效控制？公民的疾病防范意识如何？
5	生态保护	所在国是否注重对生态的保护？项目是否经过生态保护区？

表 7-12　项目层面：招投标风险清单（RBS 1~2 级）

序号	风险因素	风险源
1	投标程序	建筑市场投标的基本程序是什么？公正性如何？外国企业投标需要做哪些准备？
2	投标政策	所在国对本国企业和外国企业投标的政策是否不一样？具体政策是怎样的？
3	业主手续	业主的行政审批手续是否齐全？
4	工程量和工程范围	合同中关于工程项目内容描述是否清楚？是否存在可凭借推测和想象而导致工作范围扩大的成分？工程量是否有清单？
5	合同报价	合同计价方式约定是否明确？是固定总价合同还是可调总价合同？合同中有无关于价格调整方式的条款？合同价格包含的风险费是否足够？
6	融资要求	合同中是否要求承包商融资？融资额度是否超过企业规定标准？
7	保函担保	业主是否要求承包商提供保函担保？需要提供哪些保函？保函失效、失效条件及担保金额约定是否明确？
8	预付款约定	合同中是否约定工程预付款？预付款的比例是多少？预付款支付形式是什么？

续 表

序号	风险因素	风险源
9	进度款支付约定	合同中是否约定工程进度款的审批及支付时限？进度款的支付方式是什么？是否约定发包人未按时支付工程进度款的违约责任？
10	工程尾款支付约定	合同中是否约定工程尾款的审批和结算时限？工程尾款的支付方式是什么？是否约定发包人未按时支付工程尾款的违约责任？
11	质保金支付约定	合同中是否约定质量保修期和期满后工程质量保修款的清算和支付时限？
12	竣工结算约定	合同中是否约定工程竣工验收的条件？是否明确规定竣工结算审核单位和审核时限？是否约定中间结算和结算时限？
13	付款形式	合同工程款结算的币种有哪些？业主以何种方式付款？
14	工程变更	是否约定工程变更、洽商、签证价款的审批和支付时限？
15	违约赔偿	合同对双方违约的责任是否做出明确的规定和量化？是否约定赔偿的条件和形式？
16	条款不平等	业主是否特意将自身承担的风险定义模糊化？风险范围是否缩小？是否将一些不可抗风险全部强加给承包商？
17	条款不严谨	合同对一些重要性条款有没有清晰的定义？规定是否详细？前后是否存在矛盾？
18	合同条款误解	合同条款翻译是否正确？双方就条款的理解是否进行沟通并达成一致？
19	业主免责	合同条款关于业主责任的要求是否明确？有无具体的制约措施？

表 7-13 项目层面：设计风险清单（RBS 1~2 级）

序号	风险因素	风险源
1	设计标准	业主要求使用的设计标准规范是哪些？是中国标准、欧美标准还是所在国自身标准规范？设计分包商对国外标准规范的熟悉程度？
2	设计技术	设计院或分包商的资质如何？是否做过海外工程的设计？设计团队人员组成结构是否合理？设计人员的设计经验如何？
3	设计资料	业主提供的资料信息是否真实、完整，有无及时更新？承包商是否亲自到项目现场勘察过？勘察资料的深度和广度是否满足设计要求？
4	设计方案	承包商是否深入研究业主提出的技术指标和要求？设计方案是否合理？业主是否会因喜好任意要求承包商改变设计方案？业主对设计方案的审批效率如何？
5	设计变更	设计分包商是否正确理解业主的概念要求？业主对项目的要求是否一次性交代清楚？
6	衔接风险	设计部门的时间安排是否合理？与采购部门、施工部门工作的衔接是否顺畅？

表 7-14 项目层面：采购风险清单（RBS 1~2 级）

序号	风险因素	风险源
1	本地材料设备供应	所在国有无项目所需的材料设备？当地材料的质量能否达到项目要求？当地的材料生产能力和设备生产效率能否满足项目的需求？材料和设备的价格怎么样？
2	材料设备采购计划	各种材料和设备的采购来源是否合理安排（当地、中国还是第三国）？每次材料采购数量是否经济？采购计划是否合理和灵活？

续 表

序号	风险因素	风险源
3	供货商供货	供货商的信誉情况怎么样？供货数量和质量是否有保障？能否及时供货？供货规格是否与项目匹配？售后服务怎么样？
4	物流运输	物资运输形式和成本如何？运输速度和安全性如何？货物运输损耗大不大？清关手续是否复杂？货物是否在所在国进口管制名单内？
5	物价上涨	材料设备价格是否上涨？跨国采购时货币汇率是怎样的？
6	采购报价	业主是否指定供货商？供货商的数量是多少？承包商询价是否方便？供货商报价是否合理？供货商会不会坐地起价？

表 7-15　项目层面：施工风险清单（RBS 1~2 级）

序号	风险因素	风险源
1	施工技术	技术交底是否清楚？施工工艺是否落后？专项施工方案是否得到论证以及效果如何？有无采用新工艺和技术？
2	安全措施	现场安全措施是否到位？执行力如何？是否安排专职安全巡视员？
3	施工人员管理	施工人员素质如何？施工人员是否服从安排？施工人员是否会盗窃材料设备？施工人员是否会集体要求涨薪或罢工？施工人员是否接受加班安排？
4	分包商管理	分包商之间的施工界限是否清晰？分包商进场安排是否合理？与分包商之间的沟通是否顺畅？有无做好各分包商之间的协调？
5	材料设备管理	现场材料设备是否有专人看管？设备的保养怎样？材料的进场是否及时？设备之间的调度是否协调？

续 表

序号	风险因素	风险源
6	基础设施	施工现场供水供电是否充足？交通方不方便？
7	施工组织	施工方案是否可行？施工进度计划是否科学？施工现场平面布置是否合理？
8	施工影响控制	施工过程中有无注意保护周围的生态环境？有无干扰到周围居民的生活？有无对周围建筑和地下管线造成影响？
9	劳工流动	当地的劳工是否充足？劳工的流动性大不大？
10	技术文件翻译	公司是否拥有既会说当地语言又懂工程技术的人才？技术文件的翻译与原文贴近程度如何？
11	项目目标管理	项目目标分工是否明确？是否制定严格的项目目标管理体制？项目目标管理计划是否严格执行？

表 7-16　项目层面：业主方风险清单（RBS 1~2 级）

序号	风险因素	风险源
1	业主支付不及时	业主拖欠工程进度款和竣工结算款的情况？业主对承包商的请示回复情况？
2	业主干预	业主是否强行干预项目的管理？发出一些不合理的指令？
3	需求变更	业主会否因经济问题减少项目工作量或范围？业主是否要求承包商执行合同规定之外的工作？

表 7-17　企业层面：企业风险清单（RBS 1~2 级）

序号	风险因素	风险源
1	融资风险	企业的融资能力如何？融资渠道有哪些？融资是否得到国家支持？

续 表

序号	风险因素	风险源
2	资金短缺	企业的资金运转是否正常？是否有足够的资金维持垫资施工？
3	人力资源管理	企业雇用当地员工和国内员工的规划是否合理？员工的培训计划和费用如何？薪酬制度是否透明公正？
4	企业内部组织管理	企业的管理团队是否团结？内部是否拉帮结派？与当地建筑企业是否存在腐败交易？管理人员结构安排是否合理？各自的责任与权力是否明确？
5	组织结构	企业项目组织机构采用何种形式？机构设置是否合理？

3. **风险识别的结果**

风险识别的最终的成果是建立风险登记册，记录已经识别的风险、潜在的风险责任人和潜在的风险应对措施。

（三）风险评估

风险评估是指根据工程所处的环境，风险管理人员应用统计、概率分析等方法对已识别风险的发生概率和影响进行综合分析的过程。其主要目的是对风险进行优先级排序，筛选出重点关注的高优先级风险。

企业应通过考虑不合规的原因、来源、后果的严重程度及其后果发生的可能性进行合规风险评估。后果包括（不限于）：个人和环境伤害、经济损失、声誉损失和行政责任等。

企业可根据企业的规模、目标、市场环境及风险状况确定合规风险评估的标准和合规风险管理的优先级。

企业进行合规风险评估后应形成评估报告，供决策层、高级管理层和业务部门等使用。

风险具有动态性、紧迫性、临近性、潜伏性、可控性、连通性、可监测性、可管理性、不确定性、相对性、突发性等众多特性。传统的风险评价方法大都认为风险度为风险发生概率 P 与风险损失 I 的乘积，即 $R=P\times I$ 。这种分析方法仅从概率和损失两个维度来评价风险，不能全面反映风险的发生过程和规律，可能会导致错误的结果。有必要将风险分析从两维向三维甚至多维拓展，也就是除了考虑风险发生的概率和风险损失，还需考虑风险的可控性、紧迫性、临近性等风险特性指标，用风险特征向量表示如下：

$R=(R_1,R_2,R_3,R_4,R_5\cdots)$ =（概率、损失、可控、紧迫、临近……）

风险各评价维度的具体含义如下：

（1）发生概率：风险在工程全过程中发生的可能性大小。

（2）损失：风险发生后影响工程进度、质量、成本等目标而造成的损失，以及连带给企业的经济损失、声誉损失和行政责任等。

（3）紧迫性：为有效应对风险而必须采取应对措施的时间段。时间短就说明紧迫性高。

（4）邻近性：风险在多长时间后会影响一项或多项项目目标。时间短就说明邻近性高。

（5）可管理性：风险责任人（或责任组织）管理风险发生或影响的容易程度。如果容易管理，可管理性就高。

（6）可控性：风险责任人（或责任组织）能够控制风险后果的程度。如果后果很容易控制，可控性就高。

（7）可监测性：对风险发生或即将发生进行监测的容易程度。如果风险发生很容易监测，可监测性就高。

（8）连通性：风险与其他风险存在关联的程度大小。如果风险与多个其他风险存在关联，连通性就高。

（9）战略影响力：风险对组织战略目标潜在的正面或负面影响。如果风险对战略目标有重大影响，战略影响力就大。

（10）密切度：风险被一名或多名相关方认为要紧的程度。被认为很要紧的风险，密切度就高。

值得说明的是，并不是每一个风险特性都需要考虑，除概率和损失外，其他的特性根据项目的情况进行选择，并设定相应的权重。各项评分应由经验丰富的专家进行打分，评分的标准应在风险规划中设定，多位专家的多重评分会显著提高风险评估的准确性。表 7-18 是风险评估模型示例。

表 7-18　风险评估模型（示例）

风险 10 分制	维度	概率	损失	可监测性	紧迫性	…	综合 评分	优先级
	权重	30%	30%	5%	5%	…		
风险 A	—	9	8	8	8	…	8.3	1 级
风险 B	—	7	8	5	6	…	6.5	3 级
	…							

（四）风险应对

企业应建立健全合规风险应对机制，对识别评估的各类合规风险采取恰当的控制和处置措施。发生重大合规风险时，企业合规管理机构和其他相关部门应协同配合，依法及时采取补救措施，最大程度降低损失。必要时，应及时报告有关监管机构。

合规风险的应对主要从五个大方面考虑，即风险上报、风险规避、风险减轻、风险接受和风险转移。详见图 7-2。

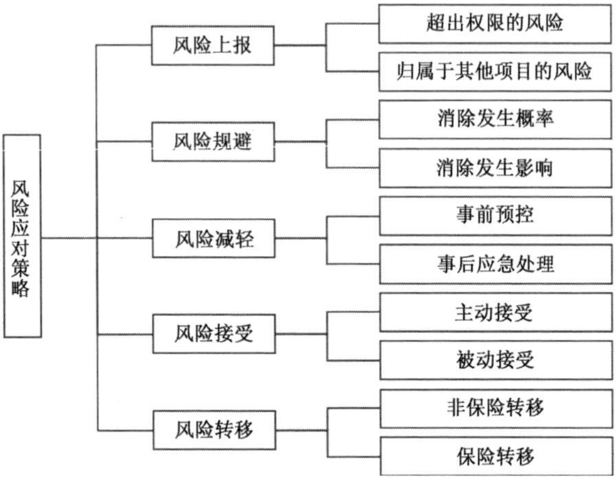

图 7-2 风险应对方案框架图

1. 风险上报

如果某风险不在职责范围内，或提议的应对措施超出了责任人能力或权限，就应该采用上报策略。被上报的风险将在相应的相关部门加以管理。而风险责任人确定应就风险通知哪些人员，并向该人员或组织部门传达关于该风险的详细信息。

上报策略带来的好处是能在更高层次进行统筹管理，能调动更多的资源来响应风险。合规管理人员应该充分意识到上报并不是责任推诿，也更应清楚地意识到如果在超出职权能力范围内自行管控风险或是瞒报而导致风险没有得到及时有效处理，都将导致最终的失控。

2. 风险规避

风险规避是指采取行动来消除威胁，避免受威胁的影响。规避策略其应对的核心是“阻断”，即把概率降低到零；或者风险发生了，主体也会受保护而不受影响。

某些合规风险发生概率和损失都很大，但又没有经济有效的措施来减小风险，合规管理人员就应该采取放弃项目或原计划，或者改变目标，避免损失。

采取风险规避策略常需同时满足以下三点：

（1）对合规风险要有足够的认识和把握。

（2）该风险发生的概率很高，带来的后果很严重。

（3）采用其他应对策略的代价超过风险所带来的经济效益，只有采取风险规避才能将项目损失降到最低。

但运用该策略时也须认识以下三点：

（1）风险是始终都存在的，规避这个风险可能会面对另外一个新的风险。

（2）规避风险也就丧失了从该风险中获取利益的机会。

（3）风险规避要把握最佳时机，当断则断。

正如上所述，在采取规避策略的时候，往往需要付出相对较大的代价，因此在制定策略的时候需要考虑经济性和可行性的权衡，如果无法完全规避，可以考虑强化其他策略。

3. 风险减轻

风险减轻是指采取措施来降低威胁发生的概率和（或）影响，最终使风险在可控范围内。当风险应对目标是只需可防可控时，或对于需要完全消除风险（高风险），但因风险特性或其他因素无法采取规避措施时，优先采用减轻策略。

采取减轻策略，在具体应对方案的制订时，从决定风险严重性的因素入手，通过强化过程控制来降低概率和损失。

减轻策略一般包括事前控制和事后控制。事前控制是指通过制定防范性措施来降低风险事件发生概率的行为，分为有形的和无形的。

有形的措施如高空作业人员必须系安全带，脚手架挂安全网；进场人员须戴安全帽；易燃易爆材料远离办公场所等。无形的措施如对现场工作人员进行风险教育，制定严格的风险管理制度，采取多种货币结算方式等。事后控制是指通过制定应急处理计划来尽量减小风险事故所造成的损失或抑制事故进一步发展的行为。相应的措施如调整施工进度和材料设备采购计划；准备索赔证据，计算索赔金额，递交索赔报告；查看项目资金链运转状况，调整融资计划等。

4. 风险接受

风险接受，又称为风险自留。

风险接受是指承认风险的存在，事前不主动采取措施，因此它不改变风险的概率和损失，是依靠自身的力量来承担风险事故损失的行为。此策略可用于低优先级威胁，也可用于无法以任何其他方式加以经济有效应对的威胁。对于采用接受策略（暂时不管它）的风险，有两种建议，一是为它建立应急储备，包括预留时间、资金或资源以应对出现的威胁；二是定期审查，确保其并未发生重大改变。

5. 风险转移

转移涉及将应对威胁的责任转移给第三方，让第三方管理风险并承担威胁产生的影响。采用转移策略，通常需要向承担威胁的一方支付风险转移费用。购买保险、使用履约保函、使用担保书或保证书是转移的最常见手段。

该行为并不能减小风险发生的概率和损失，而只是将风险损失转移给最有能力承担或控制的其他组织或个人。一般分为保险转移和非保险转移。

保险转移是指项目主体通过购买工程保险来将风险转移给保险公司。常见的保险转移措施有：建筑工程一切险、安装工程一切险、社会保险、车险、汇率险等。

非保险转移是指项目主体通过签订合同将风险转移给对方。该方法能够转移那些不可投保但被转移者长于该类风险管理的风险。但要注意被转移者的财务能力，一旦无法承受风险带来的损失而破产，那么最终的损失仍由转移者承担。此外为确保风险转移的顺利落实，在合同中须明确规定双方的权利与责任。常见的非保险转移措施有：工程分包、转包、担保、出售；技术转让；设备租赁；免责合同等。

（五）风险监控

监控风险是在整个项目期间，监督商定的风险应对策略的实施、跟踪已识别风险、识别和分析新风险，以及评估风险管理有效性的过程。

由于在项目实施过程中合规风险是不断变化的，企业应落实监控措施，管理合规义务和对应的合规风险，实现预期的行为。

采取有效的监控措施确保满足合规义务，能够预防或发现不合规事件并纠正。充分而严格地设计各类、各层次的监控措施，以促进企业的活动和运行环境实现合规义务。

比如，控制包括：

· 清晰、实用并易于遵循的文件化运行方针、程序、过程和操作指示；

· 系统和异常报告；

· 审批；

· 划分有冲突的角色和职责；

· 自动化过程；

· 年度合规计划；

· 员工绩效计划；

· 合规评估和审核；

· 管理层的承诺和促进合规行为的其他措施；

· 对预期的员工行为（标准、价值观和行为准则）进行主动、公开且经常的沟通。

风险监控方法如下：

（1）风险审计：专人督察风险监控机制的执行情况，并定期对风险执行过程进行审核。

（2）风险审查会：定期召开合规风险的审查会，来检查和记录风险应对策略的有效性。在风险审查中，还可以识别出新的合规风险，并及时制定应对措施。

（3）技术指标分析：比较计划技术指标与实际技术指标之间的差异。

（4）风险预警监督：度量项目在运作过程中某指标偏离预警线的强弱程度、发出预警信号并提前采取防范措施。

结 语

开展境外经营是中国企业实现企业发展战略，参与“一带一路”建设，推进中国与世界各国互利共赢的重要方式。强化合规经营意识是企业海外经营行稳致远的前提。

不论国内还是国外，廉洁、合规都已成为世界范围内对企业的基本要求，国际机构以及国家、行业组织等各个层面的监管力度都将越来越大，企业依法合规经营已经成为当今企业治理的国际趋势。中国的工程建设企业也应当积极顺应国际趋势，认识到建立合规制度、强化合规监管的重要性，努力建设和实施符合国际标准的合规经营制度。

我国工程建设企业在“走出去”过程中，因不合规被处罚的案例比比皆是，而在海外失败项目中的经验教训，往往具有很高的相似度。“屁股出去了，脑袋还留在国内”，这十分形象而深刻地概括了合规问题的成因。我国工程建设企业在国内市场的技术、工期等方面创造了一系列的工程奇迹，但是我们必须清楚地认识到，这些“奇迹”的产生是依赖中国这个得天独厚的市场环境，占尽“天时、地利、人和”，一旦脱离了这个熟悉的市场环境，丧失了赖以创造“奇迹”的土壤，中国承包商很难复制“中国速度”。

我国工程建设企业在几十年“走出去”的过程中所形成的经验，往往是以高成本作为代价的。而用高成本换来的境外工程经验，又常常是低效率的。一方面，获得经验的往往是个人，而个人的经验很难转化为组织合规体系的一部分，常常出现“人走了，经验也被带走了”的怪现象。然后，企业又不得不重新开始“交学费”和积累教训，很少能够像成熟的国际承包商那样，及时把经验和教训总结、固定下来，形成失败项目的案例库。另一方面，我国“走出去”的工程企业之间难以建立有效的沟通交流机制，个别企业的经验教训难以成为整个行业的共同财富。如果不能突破这种重蹈覆辙的恶性循环，我们所付出的“学费”会更加惊人。

因此，我们编制了本书，该书是境外合规经营的经验总结，期望能通过我们的努力，把大家的经验串联起来，能使境外经营人员及企业，对境外各国的经营方式及合规要求有总体的了解；同时，希望通过本书，加强企业对合规意识、合规文化及合规具体要求方面的重视。

附录

附录 1　老挝部分政府部门和相关机构一览表

（1）老挝人民民主共和国政府 www. laogov. gov. la

（2）老挝人民民主共和国国民议会 www. na. gov. la

（3）老挝外交部 www. mofa. gov. la

（4）老挝国防部 www. mod. gov. la

（5）老挝工业与贸易部 www. laotradeportal. gov. la

（6）老挝财政部 www. mof. gov. la

（7）老挝农林部 www. maf. gov. la

（8）老挝公共工程和运输部 www. mpwt. gov. la

（9）老挝技术与通信部 www. mpt. gov. la

（10）老挝卫生部 www. moh. gov. la

（11）老挝教育部 www. moe. gov. la

（12）老挝能源矿产部 www. mem. gov. la

（13）老挝计划与投资部 www. investlaos. gov. la

（14）老挝自然资源与环境部 www. monre. gov. la

（15）老挝劳动与社会福利部 www. ssolao. gov. la

（16）老挝海关 laocustoms. laopdr. net

（17）老挝证券交易所 www. lsx. com. la

（18）老挝国家银行 www. bol. gov. la

（19）老挝统计局 laosis. lsb. gov. la

（20）老挝移民局 immigration. gov. la

附录 2　老挝部分中资企业一览表

（1）中国水电十局老挝公司

（2）老挝万象三元矿业有限责任公司

（3）老中铜矿开发有限公司

（4）中工国际投资（老挝）有限公司

（5）华为老挝分公司

（6）中铁二局集团（老挝）独资有限公司

（7）中国水电矿业（老挝）钾盐有限公司

（8）老挝水泥工业有限责任公司

（9）南塔河 1 号电力有限公司

（10）中国有色金属建设股份有限公司驻万象代表处

（11）中铁二院工程集团有限责任公司老挝分公司

（12）老中银行

（13）中国铁路物资（老挝）有限公司

附录3　中老使领馆信息

中国驻老挝人民民主共和国大使馆

地址：Wat Nak Road, Sisattanak, Vientiane, Lao P D R.

信箱：P. O. Box 898, Vientiane

电话：00856-21-315100

传真：00856-21-315104

网址：la. china-embassy. gov. cn

电邮：chinaemb_ la@ mfa. gov. cn

中国驻琅勃拉邦总领事馆

地址：PhongKham Village, Luang Prabang District, Luang Prabang Provice, Lao PDR

办公室、政新组：00856-71-252437

领侨组：00856-71-252440（领保），00856-71-252439（证件），00856-71-252441（传真）

领保值班手机：00856-20-55571303

传真：00856-71-213330

网址：luangprabang. china-consulate. gov. cn

邮箱：consulate_ lp@ mfa. gov. cn

老挝人民民主共和国驻华大使馆

办公处：北京市三里屯东四街 11 号

电话：010-65321224（办公室），65321386（签证处），65325445（武官处），65323601（商务处），65325652（文化教育处）

传真：010-65326748

电邮：laoembassy. cn@ mofa. gov. la，laoemb@ 163. com

老挝人民民主共和国驻昆明总领事馆

办公处：云南省昆明市彩云北路 6800 号

电话：0871-67334522，67334511，67335489

传真：0871-67334266

领区：云南

老挝人民民主共和国驻南宁总领事馆

办公处：广西壮族自治区南宁市中国-东盟商务区桂花路 16-1 号

电话：0771-5672502/22

传真：0771-5672503

领区：广西

老挝人民民主共和国驻上海总领事馆

办公处：上海市武定路 355 号静安紫苑 9 楼

电话：021-52987855

传真：021-62188225

领区：上海、浙江、江苏、安徽

老挝人民民主共和国驻广州总领事馆

办公处：广东省广州市环市东路339号广东国际大厦主楼11楼1103室

电话：020-83340710

传真：020-83327306

领区：广东、海南、江西、福建

老挝人民民主共和国驻长沙总领事馆

办公处：湖南省长沙市芙蓉区解放东路300号华天大酒店（总店）B座10楼

电话：0731-88627049

传真：0731-88627049

领区：湖南、湖北、河南、贵州

老挝驻昆明总领事馆驻景洪领事办公室

办公处：云南省景洪市告庄西双景综合楼210号

电话：0691-2219355

传真：0691-2219955